Königs Erläuterungen und Materialien
Band 364/65

W0418569

Interpretationen zur

Expressionistischen Lyrik

von Wilhelm Große

C. Bange Verlag – Hollfeld

ISBN 3-8044-0358-1

© 1988 by C. Bange Verlag, 8607 Hollfeld
Alle Rechte vorbehalten!

Satz: Teamsatz Sachs & Partner, 8581 Neudrossenfeld
Druck: Thomas Beyer, Langgasse 23, 8607 Hollfeld

Inhalt

V. Ich-Zerfall und Ich-Entgrenzung

VI. Autorenporträts

I. Die Epoche des Expressionismus

1. Das Wort ‚Expressionismus'

Die Geschichte des Wortes ‚Expressionismus' läßt sich leicht nachzeichnen. Anläßlich einer Pariser Kunstausstellung im Jahre 1901 faßte Julien Auguste Hervé einige Gemälde unter der Bezeichnung ‚expressionisme' zusammen. Zehn Jahre später diente dieser Ausdruck dann auf einer Ausstellung der Berliner Sezession dazu, einige Bilder von Braque, Derain, Vlaminck, Picasso u. a. zu einer Gruppe zusammenzuschließen und von den Impressionisten abzugrenzen. Im gleichen Jahr noch übertrug Kurt Hiller in seinem Aufsatz ‚Die Jüngst-Berliner' diese Bezeichnung auf eine Gruppierung avantgardistischer Literaten Berlins.

Dieser kurzen Skizze der Wortgeschichte ist gleich dreierlei zu entnehmen:

1) Der Expressionismus ist keine rein literarische Erscheinung. Parallel zum literarischen Expressionismus spricht man von einer expressionistischen Bewegung in den bildenden Künsten, die von Malern wie van Gogh, Gauguin, Toulouse-Lautrec, Ensor, Munch vorbereitet wurde und eine erste Blüte mit der Gründung der Dresdner Malervereinigung ‚Brücke' erlebte (Kirchner, Heckel, Schmidt-Rottluff, Pechstein, Mueller, Nolde). Frühe Werke des ‚Blauen Reiters' zählen ebenfalls zum Expressionismus (z. B. Kandinsky) wie die Maler Kokoschka und Beckmann. In der Musikgeschichte läßt sich zu Beginn des 20. Jahrhunderts gleichfalls eine Reaktion auf den Impressionismus erkennen. Die Werke der Wiener Schule (Schönberg, Webern, Berg) sind dem Expressionismus zuzuordnen wie die von Bartók, Strawinski, Hindemith und Weill.
2) Der Expressionismus ist keine rein deutsche Bewegung, vielmehr Teil einer internationalen Erneuerungsbewegung innerhalb der Künste, die vor allem von Künstlergruppen getragen wird.
3) Der Expressionismus ist – auch darauf verweist die Wortgeschichte – eine Gegenbewegung, Reaktion auf eine vorausgegangene Kunstepoche. Es hieße jedoch, die literaturgeschichtliche Situation unzulässig zu vereinfachen, wenn man den Expressionismus

lediglich als Umkehrung des Impressionismus verstehen würde, auch wenn dies der Begriff zunächst einmal nahelegt, denn eine literaturgeschichtliche Einordnung des Expressionismus muß sich vor Augen führen, daß um die Jahrhundertwende keine literarische Richtung mehr eindeutig dominiert, sondern sich eine Vielzahl unterschiedlicher, aber auch einander berührender literarischer Strömungen gebildet hat, die nur unzureichend mit Begriffen wie Naturalismus, Impressionismus, Symbolismus, Ästhetizismus, Fin de siècle, Jugendstil, Neuromantik, Neuklassizismus oder Heimatkunstbewegung bezeichnet sind.

2. Expressionismus als Gegenbewegung zu Naturalismus, Ästhetizismus und Impressionismus

Auch wenn Kasimir Edschmid solche feinen Nuancen unberücksichtigt läßt, ist es lohnend, einen Blick in seinen Essay ‚Expressionismus in der Dichtung' zu werfen, da hier ein früher Prosaist, Programmatiker und Theoretiker des Expressionismus bereits 1917 eine erste Bilanz dieser literarischen Erscheinung vorlegt, bei der er wichtige literarische Epochen, die dem Expressionismus vorausgehen, berücksichtigt und aus ihnen den Expressionismus herleitet. Zunächst charakterisiert Edschmid mit wenigen markanten Strichen den Naturalismus, der sich gegen die monumentalisierende, aber innerlich hohle Literatur der Gründerzeit wendet:
„Gegen ausgepumptes Epigonentum schlug die naturalistische Welle. Aus Schminke, Fassade und Feigenblatt brach schamlos die Tatsache. Nichts vom Wesen eines Dings. Nichts Eigentliches, was der Gegenstand unserer sensuellen Welt nur zudeckt. Nur Notiertes, nur endlich Ausgesprochenes. Aber mit grandioser Wucht lauter Dinge, belanglos für das Kunstwerk in seiner letzten Form, aber Anstöße, Kampf. Der Naturalismus war eine Schlacht, die wenig Sinn für sich hat, aber er gab Gesinnung. Da standen plötzlich wieder Dinge: Häuser, Krankheit, Menschen, Armut, Fabriken. Sie hatten keine Verbindung noch zu Ewigem, waren nicht geschwängert von Idee. Aber sie wurden genannt, gezeigt. Nackte Zähne der Zeit klafften und zeigten Hunger. Er warf auch menschliche Fragen auf und brachte das Eigent-

liche damit näher. Er mischte sich mit Sozialem eng: schrie ... Hunger, Huren, Seuche, Arbeiter."[1])

Edschmid hebt am Naturalismus hervor, daß er sich wieder auf die genaue Beschreibung der ‚Natur', der sinnlich erfahrbaren Erscheinungen, einlasse und für die Literatur neue, bislang ausgesparte Themenfelder mit der Darstellung moralischen und wirtschaftlichen Elends (insbesondere in Kleinbürgertum und Proletariat und gesellschaftlichen Randgruppen) hinzugewinne, auf Armut, Krankheit, Laster, Verbrechen usw. aufmerksam mache und auf soziales Mitgefühl setze.

Der Naturalismus fand seinen Gegenpol im Ästhetizismus. „Gegen [die] wüste Orientierung [des Naturalismus]" – so fährt Edschmid fort – „gab es einen Gegenpol voll Aristokratie. Gegen den Lärm Adel, das Asoziale, das Kunst-à tout prix."[2]) Stefan George ist für ihn Repräsentant dieser Stilrichtung, deren Verdienst „der Wert" ist, „den sie auf das Formale legte."[3]) Die Abkehr von Zweckhaftigkeit und Wirkungsabsicht der Dichtung in politischer, moralischer, weltanschaulicher oder sozialer Hinsicht, der Verzicht auf Wirklichkeitswiedergabe oder konkrete Inhalte ließ den Ästhetizismus bzw. Symbolismus jedoch bald erstarren:

„Man verwechselte Dichten und Würde. Man glaubte, das Wesentliche sei das Erlauchte, und Würde sei besser als der Mut unbedenklichen Zugriffs. [...] Ästhetentum verbreitete sich und traf in eine Zeit, die, reich geworden, von den Gründerjahren und dem Zustrom des Geldes übersättigt, noch völlig ohne die Struktur eines kulturellen Zeitbodens, glaubte die schöne Dekadenz spielen zu können. Immerhin aber hob sich das ganze Niveau. Man konnte nach George nicht mehr vergessen, daß eine große Form unumgängig sei für das Kunstwerk. Man konnte nicht mehr nur durch Kraßheit, Photographieren der Wirklichkeit, nicht mehr mit flauen Sentiments nach dichterischen Zielen greifen"[4]), wie es noch der Naturalismus getan hatte.

Naturalismus und Ästhetizismus sieht Edschmid im Impressionismus gleichsam als einer Synthese aufgehoben: „So kam zum Blick für die Tatsachen [Naturalismus] der Sinn für die Form [Ästhetizismus.] Der Impressionismus begann, die Synthese ward versucht."[5]) Der Impressionismus konzentriert sich ganz auf den sinnlich-subjektiven Eindruck, die einmaligen, unverwechselbaren Augenblicke, den flüchtigen Reiz, der in all seinen subtilen Nuancen und Differenzierungen

mit höchster Präzision und Intensität wiedergegeben werden soll. Die Isolierung der subjektiven, nicht mehr begrifflich analysierten Empfindungen, der seelischen Erregung führt zur Auflösung der dinglichen Einheit in eine Folge von Reizwirkungen, zur fortschreitenden Entmaterialisierung der nur noch in Stimmungen wahrnehmbaren Welt, so daß Edschmid den Impressionismus wie folgt charakterisieren kann: „Mit nervöser Zärtlichkeit behandelte man die Objekte. Sprunghaft setzte man Stück an Stück. Mit gehobener Technik vermochte man die Dinge anzugreifen, doch wurde es oft Deskription. Das eigentliche, der letzte Sinn der Objekte, erschöpfte sich noch nicht ganz. [...] In unzählige kleine Teile zerlegte er die Welt, um ihr den tieferen Atem einzuhauchen. [...] Er zersetzte, löste auf und parzellierte, formte das Zerschlagene in kleine Gefühle, nicht zu massiv verschmolzenen Zusammenhängen. Über ihn hinaus gab es nur Anarchie."[6]
Bei Edschmids Charakterisierung der dem Expressionismus vorangegangenen Epochen stach schon ins Auge, daß er jede dieser Epochen mit Defiziten behaftet sah. So dringt der Naturalismus nicht zum ‚Wesen eines Dinges' vor, dem Ästhetizismus Georgischer Prägung ist es „nicht gegeben, Tempo, Geist und Form der Zeit zu großen umfassenden Schöpfungen zu verdichten"[7]. Der Impressionismus schließlich, „auf die kleinen Ausschnitte der großen Welt" fixiert, „wurde und mußte werden, dem Kosmos gegenüber, im Auge der Schöpfung, Mosaik"[8]. Die hier genannten Mängel gleicht nun – wie könnte es auch der Expressionist Edschmid anders sehen – der Expressionismus aus.

„Die Künstler der neuen Bewegung gaben nicht mehr die leichte Erregung. Sie gaben nicht mehr die nackte Tatsache. Ihnen war der Moment, die Sekunde der impressionistischen Schöpfungn nur ein taubes Korn in der mahlenden Zeit. Sie waren nicht mehr unterworfen den Ideen, Nöten und persönlichen Tragödien bürgerlichen und kapitalistischen Denkens.

Ihnen entfaltete das Gefühl sich maßlos.

Sie sahen nicht.

Sie schauten.

Sie photographierten nicht.

Sie hatten Gesichte.

Statt der Rakete schufen sie die dauernde Erregung. Statt dem Moment die Wirkung in die Zeit. Sie wiesen nicht die glänzende Parade eines Zirkus. Sie wollten das Erlebnis, das anhält. Vor allem gab es gegen das Atomische, Verstückte der Impressionisten nun ein großes umspannendes Weltgefühl. In ihm stand die Erde, das Dasein als eine große Vision. Es gab Gefühle darin und Menschen. Sie sollten erfaßt werden im Kern und im Ursprünglichen. [...] Die Welt ist da. Es wäre sinnlos, sie zu wiederholen. Sie im letzten Zucken, im eigentlichsten Kern aufzusuchen und neu zu schaffen, das ist die größte Aufgabe der Kunst. Jeder Mensch ist nicht mehr Individuum, gebunden an Pflicht, Moral, Gesellschaft, Familie. Er wird in dieser Kunst nichts als das erhebendste und kläglichste: er wird Mensch. Hier liegt das Neue und Unerhörte gegen die Epochen vorher. Hier wird der bürgerliche Weltgedanke endlich nicht mehr gedacht."[9]

3. Expressionismus als antibürgerliche Bewegung

Der Expressionismus versteht sich nach Edschmid als antibürgerliche Bewegung, als Aufhebung bürgerlichen Denkens, aber gerade diese Antibürgerlichkeit verbindet den Expressionismus zutiefst mit dem, was er zu negieren versucht. So darf es nicht verblüffen, daß fast alle expressionistischen Dichter bürgerlichem, zum Teil sogar großbürgerlichem Hause entstammen und zunächst bürgerliche Bildungskarrieren einschlagen. Spätere Autoren wie Heinr. Mann, Werfel, Sternheim, Kafka richten sich auf das Kaufmännisch-Industrielle ein; Mediziner sind Döblin, Benn, Hülsenbeck, Goering, Friedrich Wolf, Ernst Weiss; ein Medizinstudium begannen, wenn sie es auch nicht durchführten, Brecht, Johst, Becher; Trakl war Apotheker; Juristen waren Hiller, Heym, Max Brod und Alfred Lichtenstein. Die Herkunft aus bürgerlichem Milieu läßt die jungen Intellektuellen den Bürger der Wilhelminischen Ära um so besser durchschauen. „Wer ist Bürger?" fragt sich Th. Haubach in seinem Aufsatz ‚Wider die Politik' (1919) und gibt sich selbst die Antwort: „Bürger, d. i. kümmerlicher Mensch mit vermoosten Horizonten, enger begrenzter Nörgler am Leben, Sattzufriedener oder hämischer Besserer [...] ein Blutloser, Ordnungssüchtiger, Feind aller Höhen und Tiefen, Vergreister, Steriler, Botmäßiger, nie ganz Reiner, nie ganz Böser."[10] In diesem Bild des Bürgers fließen die Vorstellungen des Philisters, des Spießbürgers und schließlich auch des

‚Untertanen‘ der Wilhelminischen Ära zusammen, was die Jungen, noch nicht in die Gesellschaft eingepaßten Literaten wieder ihr ‚Ecrasez le bourgeois‘ ausrufen läßt.
Im Bild des übermächtigen Vaters verdichtet sich und konkretisiert sich der Haß auf eine versteinerte, unbeweglich gewordene Gesellschaft, die unfähig ist, sich der zeitgenössischen Probleme anzunehmen, und die Widersprüche durch eine pompöse verlogene Ideologie übertüncht hat. Sie läßt ihren jungen Söhnen nur die Langeweile und Leere übrig. So verwundert es nicht, wenn der junge Georg Heym heimlich seinem Tagebuch anvertraut:
„Ach, es ist furchtbar. Schlimmer kann es auch 1820 nicht gewesen sein. Es ist immer das gleiche, so langweilig, langweilig, langweilig. Es geschieht nichts, nichts, nichts. Wenn doch einmal etwas geschehen wollte, was nicht diesen faden Geschmack von Alltäglichkeiten hinterläßt [. . .] Würden einmal wieder Barrikaden gebaut, ich wäre der erste, der sich darauf stellte, ich wollte noch mit der Kugel im Herzen den Rausch der Begeisterung spüren. Oder sei es auch nur, daß man einen Krieg begänne, er kann ungerecht sein. Dieser Frieden ist so faul ölig und schmierig wie eine Leimpolitur auf alten Möbeln.“[11)]
Was die Jungen im Kaiserreich verspüren und hellsichtig durchschauen ist jenes selbstsichere Gefühl äußerer Sicherheit im materiellen Reichtum, die Gesättigtheit durch eine lange, nicht mehr weiter hinterfragte Tradition, eine Starre und Sinnleere in Denken und Handeln.
Ein Teil der Jugendlichen versucht den Aufstand gegen die Väter, gegen deren Autorität und die Autorität des Staates. Es sind vor allem die zwischen 1885 und 1890 Geborenen, die die Revolte antreten. Zu ihnen gehören die Expressionisten Heym, Trakl, van Hoddis, Ehrenstein, Wolfenstein und Gustav Sack, dann die in den neunziger Jahren Geborenen wie Hasenclever, Bronnen und Toller, Becher, die 1914 gerade Abiturienten oder Studenten waren und sich als Kriegsfreiwillige meldeten oder im Laufe des Krieges eingezogen wurden. So sehr sie sich gegen die Welt der Altvordern auflehnen und alle Verbindung zum Tradierten abbrechen, so sehr suchen sie doch auch wieder die Verbindung zu Ihresgleichen und zu Gleichaltrigen. Die Expressionisten treten darum vorzüglich in Gruppen, einzelnen Kreisen auf. Solche Gruppen formierten sich in Leipzig, Prag, München, Wien, Heidelberg, Zen-

trum ist Berlin. Hier sammelt man sich um Kurt Hiller, der 1909 den ‚Neuen Club' gründet, dessen Mitglieder sich dann ab 1910 im ‚Neopathetischen Cabaret' und ab 1911 im Cabaret ‚Gnu' zusammenfinden. Hier treten Autoren wie Heym, van Hoddis, Ernst Blaß, Alfred Lichtenstein, Franz Werfel, Walter Hasenclever und Ludwig Rubiner hervor. In München sind es Hugo Ball, Joh. R. Becher und Ernst Mühsam, die sich um ihren Kommilitonen Heinrich Bachmair scharen und ihn zur Verlagsgründung anhalten. In Leipzig bildet sich eine Gruppe um die Verleger Ernst Rowohlt und Kurt Wolff. Neben die Form gemeinsamen Auftretens vor der Öffentlichkeit tritt also für die jungen Expressionisten auch die Suche nach gemeinsamen Publikationsformen, die sie in Zeitschriftenneugründungen und Verlagsreihen und Anthologien finden.

Die Titelgebung solcher Zeitschriften ist sehr aufschlußreich, verrät sie doch etwas von dem Selbstbewußtsein und den programmatischen Vorstellungen der neuen Dichtergeneration: ‚Der Sturm' (H. Walden), ‚Die Aktion' (F. Pfemfert), ‚Der Orkan', ‚Neue Blätter', ‚Das neue Pathos', ‚Die neue Kunst', ‚Neue Jugend', ‚Das junge Deutschland'. Andere Titel sind ‚Der jüngste Tag', ‚Lyrische Flugblätter', ‚Der rote Hahn' oder ‚Menschheitsdämmerung', ‚Verkündigung'. Sie alle signalisieren den Aufbruch zu Neuem, den Neuanfang, und stellen sich damit ihrem Selbstverständnis nach in die Reihe der literarischen Avantgarde, so wie die expressionistischen Gruppierungen den Anschluß an eine aus dem 19. Jahrhundert stammende Bohème-Bewegung der Literaten bzw. Künstler suchen.

In diese Subkultur der Intellektuellen flüchten sich viele Expressionisten und nisten sich dort ein. Dabei wird der „Weg in die Bohème als bewußte Abkehr von der Welt der autoritären Schule, der Familie, des bürgerlichen Berufs, als gewaltsamer Ausbruch aus ihr erlebt oder nachträglich interpretiert. Abkömmlinge vieler Schichten treffen sich, zum Beispiel junge Adelige, die der Verbürgerlichung entgehen wollen, Großbürgersöhne mit dem Verlangen nach einer ‚interessanten', künstlerisch ‚genießenden' Lebensform, Kleinbürgersöhne, die die Enge ihrer Verhältnisse sprengen, Mädchen und Frauen mit dem Willen zur ‚Emanzipation'. Oft ist nicht die Erkenntnis einer Begabung, sondern der Bruch mit den ‚Vätern', der Abscheu vor der bürgerlichen Existenz das primäre Motiv der Entscheidung zugleich für Künstlertum und Bohème-Existenz. ‚Von was, zum Teufel, soll denn auch heutzutage ein junger Mensch träumen, den die modernen Lehrmethoden zur Raserei bringen, und dem die Krämergemeinheit Übelkeit verursacht? Kreuzzüge gibt es nicht mehr, noch adlige, ferne Abenteuer irgendwelcher Art. [...] Nur die Kunst besteht noch. Eine geächtete Kunst zwar, verachtet, erniedrigt, verhungert, flüchtig, zerlumpt und katakombal. Dennoch ist sie die einzige Zuflucht.'"[12] Der Bohèmien liebt das Spontane, er ist nonkonformistisch, sympathisiert mit radikalen, revolutionären oder anarchistischen Bewegungen, lehnt sich gegen standes-klassenmäßige und nationale Einfriedungen auf und verschwistert sich gern mit gesellschaftlichen Gruppen, die aufgrund einer doppelten bürgerlichen Moral zu Außenseitern gestempelt werden, wie die Verbrecher, Irren oder Prostituierten. Diese Haltung des Bohèmiens übernehmend, fragt der Expressionist Ludwig Rubiner, Herausgeber einer der wichtigsten Lyrikanthologien des Expressionismus: „Wer sind die Kameraden? Prostituierte, Dichter, Unterproletarier, Sammler von verlorenen Gegenständen, Gelegenheitsdiebe, Nichtstuer, Liebespaare inmitten der Umarmung, religiöse Irrsinnige, Säufer, Kettenraucher, Arbeitslose, Vielfraße, Pennbrüder, Einbrecher, Kritiker, Schlafsüchtige, Gesindel. Und für Momente alle Frauen der Welt. Wir sind Auswurf, der Abhub, die Verachtung. [...] Wir sind der heilige Mob."[13]

4. Die ‚innere Grundhaltung' des Expressionismus

Wenn sich auch die einzelnen Expressionisten innerhalb der Gruppe aufgehoben fühlen können und wenn sie das Bewußtsein verbindet, einerseits Auswurf einer von ihnen allerdings zutiefst verachteten Gesellschaft, andererseits aber auch Verkünder einer neuen Gesellschaft zu sein, charakterisiert den Expressionismus aber auch, daß ganz unterschiedliche Richtungen sich bilden, so daß G. Benn in einer Retrospektive auf den Expressionismus konstatieren kann, daß „der expressionistische Stil, der in anderen Ländern Futurismus, Kubismus, später Surrealismus genannt wurde, in Deutschland die Bezeichnung Expressionismus behaltend, vielfältig in seiner empirischen Abwandlung"[14] gewesen sei. Fügt man dieser Bemerkung Benns noch hinzu, daß sich neben den von ihm genannten Kunstrich-

tungen des Kubismus, Futurismus und Surrealismus der sog. Aktionismus, der Dadaismus, der Aeternismus, eine spezifische Literatur des Sturm-Kreises ausmachen lassen, so verliert das Phänomen des Expressionismus an Einheitlichkeit und Konturenschärfe.
Es muß jedoch hier damit sein Bewenden haben, darauf hinzuweisen, daß der Expressionismus in sich zwar eine sehr vielschichtige und spannungsreiche Erscheinung ist, wichtiger aber in diesem Zusammenhang ist, jenes dennoch allen Richtungen gemeinsame zu bestimmen, denn Benn spricht zwar von der Vielfalt in den empirischen Abwandlungen, glaubt aber dennoch, eine Gemeinsamkeit in der ‚inneren Grundhaltung' ausmachen zu können. Benn fährt an der o. g. Stelle fort:
„[Der Expressionismus ist] einheitlich in seiner inneren Grundhaltung als Wirklichkeitszertrümmerung, als rücksichtsloses An-die-Wurzel-der-Dinge-Gehen bis dorthin, wo sie nicht mehr individuell und sensualistisch gefärbt, gefälscht, verweichlicht verwertbar in den psychologischen Prozeß verschoben werden können, sondern im akausalen Dauerschweigen des absoluten Ich der seltenen Berufung durch den schöpferischen Geist entgegensehen"[15].
Ähnlich lautet die Aussage über die Grundhaltung der Expressionisten in der Einleitung zur ‚Menschheitsdämmerung':
„Aber man fühlte immer deutlicher die Unmöglichkeit einer Menschheit, die sich ganz und gar abhängig gemacht hatte von ihrer eigenen Schöpfung, von ihrer Wissenschaft, von Technik, Statistik, Handel und Industrie, von einer erstarrten Gemeinschaftsordnung, bourgeoisen und konventionellen Bräuchen. Diese Erkenntnis bedeutet zugleich den Beginn des Kampfes gegen die Zeit und gegen ihre Realität. Man begann, die Um-Wirklichkeit zur Un-Wirklichkeit aufzulösen, durch die Erscheinungen zum Wesen vorzudringen, im Ansturm des Geistes den Feind zu umarmen und zu vernichten."[16]
Der Begriff der Wirklichkeit steht zentral in den Aussagen von Benn und Pinthus, so daß sich der Expressionismus durchaus als eine Antwort auf ein sich extrem um 1910 veränderndes Wirklichkeitsbewußtsein und einen sich radikal ändernden Wirklichkeitsbegriff verstehen läßt. Zum einen ändert sich die die Menschen umgebende Wirklichkeit in einem immer mehr sich beschleunigenden Tempo. Verstädterung, Industrialisierung, Technisierung des Alltags- und Produktionslebens

in einem bislang nicht bekannten Maße gestalten die Wirklichkeit in einem dynamischen Prozeß so um, daß alte Wahrnehmungsmuster und Gestaltungsmuster sich immer mehr als untauglich erweisen. Zum andern – und diese Änderung dürfte noch radikaler zumindest für die Intellektuellen gewesen sein – ändert sich auch der Wirklichkeitsbegriff. Das Weltbild eines mechanischen Materialismus in der Physik wird grundlegend erschüttert. Heinrich Rudolf Hertz zeigte 1889 die Identität der elektromagnetischen Hitze-und Lichtwellen, 1900 forderte Max Planck die gewohnten Vorstellungen von der Kontinuität der physikalischen Welt mit dem Begriff des elementaren Wirkungsquantums heraus, Einstein verallgemeinerte den Anspruch auf die Quantentheorie, Niels Bohr entwickelte sein Atommodell, schließlich formulierte 1905 Einstein seine spezielle Relativitätstheorie, womit Masse und Energie in eine Gleichung einzubringen waren. Die Körperhaftigkeit der Wirklichkeit wurde immer mehr aufgehoben, so daß es nicht verwundert, daß Ernst Mach und Richard Avenarius ihren Empirokritizismus als philosophisch-wissenschaftstheoretische Schule begründen konnten. Sie verwarfen alle Metaphysik, erklärten konsequent Dinge, Körper, Bewußtsein für bloße Denkkonventionen oder Notbehelfe, künstliche Begriffe, die wir brauchen, die Welt zu begreifen, die aber selber keine Realität besitzen. Für sie löst sich auch die Vorstellung eines Ich oder der Identität auf, auch dies sind nur Vorstellungen, die aus der Not geboren wurden. Die Wirklichkeit oder das, was wir für Wirklichkeit halten, wird so immer mehr zum Produkt des Bewußtseins, Schöpfung des Geistes, und es ist nicht mehr der Geist selbst, der die Wirklichkeit im Akt des Denkens abbildet oder widerspiegelt. Die Nähe von wissenschaftlichem und künstlerischem Akt stellt sich ein. Der französische Mathematiker Poincaré konnte so behaupten, Theorien beinhalteten keine Wahrheit, sondern befriedigten allenfalls den ästhetischen Sinn. Nach Bohr war die Relativitätstheorie „ein großes Kunstwerk und der tiefste Gedanke über die Natur, selbst wenn sie nicht zu belegen wäre.“ Der Expressionismus will in diesem Sinne ‚realistisch‘ sein. Die ‚neue‘ Wirklichkeit bedarf des ‚neuen Sehens‘, bedarf der Zertrümmerung der alten Gestaltungs- und Formungsweisen, denn nur im Zerbrechen der Form erhofft man sich wie im Akt der Abstraktion des Wesens ansichtig zu werden. Es wundert darum nicht, daß der Expressionismus in seiner Frühphase zunächst vom bewußten Traditionsbruch, der Ver-

neinung, der klärenden Zerstörung und dem bewußt inszenierten Schock wie der bewußt kalkulierten Tabudurchbrechung lebt. Er kann als ein großes Experimentierfeld verstanden werden, als Versuch, im Zerbrechen der alten Literatursprache diese tauglich zum Erfassen und Gestalten des Neuen zu machen. In einer zweiten Phase meldet sich dann die Hoffnung auf den neuen Menschen, eine neue Idealität, die pathetisch beschworen und in der auf alte mystisch-religiöse Traditionen zum Teil zurückgegriffen wird. Zerknirschung, Verzweiflung, Angst, groteske Gesichter bestimmen somit zum einen die expressionistische Literatur, zum andern sind es messianische, die Erlösung der Welt und des Menschen verkündende Töne. ‚Menschheitsdämmerung' heißt treffend der Titel der wohl bekanntesten Lyrikanthologie des Expressionismus, und der Titel bezeichnet genau jene Doppelgesichtigkeit der Epoche, indem nämlich einerseits der Untergang des alten Menschen, andererseits – im Bild der Morgenröte – aber auch der zu verkündende neue Mensch gemeint ist.
Gerade diese Doppelgesichtigkeit des Expressionismus macht aber auch die auffällige Entwicklung vieler Expressionisten verstehbar.
Bestimmte zunächst die Negation des Überkommenen wesentliche Züge expressionistischer Literatur, war es dann vonnöten, aus dem Dilemma purer Verneinung, deutlicher Orientierungslosigkeit herauszukommen. Hilfe bei diesem erneuten Orientierungsprozeß boten vielen Expressionisten gesellschaftliche Sinninstitutionen wie Kirche, Partei oder eine festumrissene Weltanschauung. So ‚konvertierten' manche Expressionisten zum katholischen Glauben, andere verschrieben sich den Nationalsozialisten, wieder andere sympathisierten mit den Kommunisten.

II. Formale Merkmale expressionistischer Lyrik

1. Vielfalt expressionistischer Lyrik

Wenn der Bruch mit der Tradition für den Expressionismus kennzeichnend ist, so gilt dies auch für die Entwicklung der einzelnen literarischen Gattungen. Jede Gattung ist ein großes Experimentierfeld, auf dem neue literarische Formen ausprobiert werden. Dies gilt insbesondere in der ersten Phase des Expressionismus (1910 – 1914) für den Bereich der Lyrik.

Der experimentelle Charakter der Lyrik macht es auch so schwer, epochentypische Merkmale der Lyrik anzugeben. Was macht – so kann man sich fragen – Benns ‚Kleine Aster', Stramms ‚Krieg' und Trakls ‚Dämmerung' einander vergleichbar? Kurt Pinthus stand bei der Einrichtung seiner Sammlung expressionistischer Gedichte ‚Menschheitsdämmerung' vor derselben Frage. Wie sollte er ein so wenig homogenes Material zusammenfügen und arrangieren, wenn er alphabetische und chronologische Reihenfolge nicht als Ordnungsprinzip seiner Anthologie zugrundelegen wollte? Er entschied sich für einen Aufbau, den er mit einer Symphonie verglich. In der Einleitung formulierte er, so sich selbst Rechenschaft über den Aufbau und dem Leser erste Hinweise zur adäquaten Rezeption gebend:

> „Dieses Buch will auf andere Weise zur Sammlung kommen: Man horche in die Dichtung unserer Zeit ..., man horche quer durch, man blicke rund herum, ... nicht vertikal, nicht nacheinander, sondern horizontal; man scheide nicht das Aufeinanderfolgende auseinander, sondern man höre zusammen, zugleich, simultan. Man höre den Zusammenklang dichtender Stimmen: man höre symphonisch. Es ertönt die Musik unserer Zeit, das dröhnende Unisono der Herzen und Gehirne."[17)]

Mit anderen Worten: Expressionistische Lyrik will simultan wahrgenommen werden. Aufgrund der Unverwechselbarkeit einiger Lyriker und der Mannigfaltigkeit der Stimmen ergibt erst das Zusammenklingen ein Bild expressionistischer Lyrik, ein Ganzes. Jede Konzentration auf eine einzelne Stimme verfälschte das Klangbild. So fährt auch Pinthus fort:

> „Man möge also nicht nur auf die einzelnen Instrumente und Stimmen des lyrischen Orchesters lauschen: die aufschwebende Sehnsucht der Violinen, die herbstlich-klagende Melancholie der Celli, die purpurnen Posaunen der Erweckung, das ironische Staccato der Klarinetten, die Paukenschläge des Zusammensturzes, das zukunftslockende Marciale der Trompeten, das tiefe, dunkle Raunen der Oboen, [. . .] das rapide Triangelgeklingel und die blekkenden Beckenschläge genußgierigen Totentanzes. Sondern es kommt darauf an, aus den lärmenden Dissonanzen, den melodischen Harmonien, dem wuchtigen Schrei der Akkorde, den gebrochensten Halb- und Vierteltönen, die Motive und Themen der wildesten wüstesten Zeit der Weltgeschichte herauszuhören. Diese bewegenden Motive [. . .] variieren sich je nach Wesen und Wollen der Dichter, rauschen empor zum zersprengenden Fortissimo oder schwinden hin im beglückenden Dolce."[18)]

Ganz vorsichtig versucht Pinthus dann, jenes Gemeinsame zu bestimmen, das die Dichter dieser Symphonie eint, er sieht es in der

> „Intensität und dem Radikalismus des Gefühls, der Gesinnung, des Ausdrucks, der Form; und diese Intensität, dieser Radikalismus zwingt die Dichter wiederum zum Kampf gegen die Menschheit der zu Ende gehenden Epoche und zur sehnsüchtigen Vorbereitung und Forderung neuer, besserer Menschheit."[19)]

Pinthus spricht von ‚Intensität und Radikalismus in Form und Ausdruck' der Lyrik. Sucht man nun nach solchen Formen der Intensität und des Radikalismus, stößt man innerhalb der expressionistischen Lyrik auf einige ins Auge fallende Stileigentümlichkeiten, die – jedoch mit aller Vorsicht – als epochentypische Merkmale dieser Gattung genannt werden können. Sie seien im folgenden zunächst aufgezählt, dann abschnittweise mit Beispielen vorgestellt und auf ihre Leistung hin befragt.

Als epochentypisches Merkmal expressionistischer Lyrik können gelten:

1) die Abweichung von traditionellen, streng geregelten lyrischen Formen
2) die Bevorzugung des Reihungsstils
3) die Abweichung von der Grammatik und geläufiger syntaktischer Ordnung
4) die starke Rhetorisierung und Pathetisierung der Aussage
5) die Dynamisierung der Sprache
6) die Radikalisierung metaphorischen Sprechens bis hin zur Chiffrierung, d. h. nur noch schwer zu enträtselnden Entzifferung der Aussage.

2. Abweichung von traditionellen, streng geregelten lyrischen Formen

Lyrik ist nach einer alten Vorstellung gebundene Rede. Wenn ein Charakteristikum expressionistischer Lyrik ist, daß sie lyrische Formen aufbreche oder gar zerbreche, so kann dies dann nur bedeuten, daß sie sich von gegebenen Bindungen zu befreien versucht, weil sie sie als Fesseln der Konvention empfindet. So verzichtet beispielsweise ein Großteil expressionistischer Lyrik auf den Reim, ein streng geregeltes Metrum, komplizierte Reim- und Strophenschemata. Die Suche nach dem Gedicht in Hexametern oder Trimetern dürfte vergeblich sein, ebenfalls vereinbart es sich mit der Vorstellung von expressionistischer Lyrik nicht, daß Strophenformen wie die Stanze oder Gedichtformen wie die alkäische Ode verwandt werden. Man findet an der Stelle des Reims eher Reimlosigkeit, an der Stelle eines festgelegten, strengen metrischen Schemas eher unregelmäßige Rhythmen, statt eines sich wiederholenden Strophenschemas uneinheitliche Zeilenblöcke.
Als Gegenbeweis zu den hier getroffenen Beobachtungen könnte zwar auf eine Vielzahl expressionistischer Gedichte verwiesen werden, die Reim, Metrum oder feste Strophenform vorweisen, aber bei einer großen Anzahl dieser Gedichte fällt doch die bewußt lässige, wenig artifizielle Verwendung dieser Elemente der Lyrik auf. Auch der Hinweis auf die verblüffende Vielzahl von Sonetten unter den expressionistischen Gedichten widerlegt nicht die Richtigkeit der getroffenen Feststellung, kann doch zum einen dieses Phänomen dadurch erklärt

werden, daß der ausgeprägte Hang der Expressionisten nach der Aufweichung strenger lyrischer Formen einen bändigenden, bewahrenden Gegenpol brauchte und dieser z. B. im Sonett als einer der strengsten Gedichtformen gefunden wurde. Zum andern zeigt aber eine Analyse expressionistischer Sonette, was P. Zech über seinen eigenen Sonett-Band ‚Das schwarze Brevier' bemerkte:

> „Man wird nun einwenden können, eine ganz moderne explosive Stoffmasse in die antike, ruhende Form eines Sonetts zu zwängen, ist ein Mangel an Gestaltungskraft. Das starre metrische Schema hemmt die grandiose Wucht des Gegenwartsrhythmusses. [...] Nun muß ich sagen, daß diese vierzehnzeiligen Gedichte garnichts, auch garnichts mit einem Petrarca'schen Sonett gemein haben"[20),

was heißen soll, daß auch Zech sich nicht sklavisch an die Sonettform hält, wo die ‚explosive Stoffmasse' eine Aufweichung auch dieser Form fordert.

Es wäre jedoch falsch anzunehmen, die von den Expressionisten gesuchte Aufweichung strenger lyrischer Form bedeute die Formlosigkeit ihrer Gedichte und mache somit etwa bei der Interpretation eine Analyse der Form ganz überflüssig. Richtig ist vielmehr, daß gerade durch die Ablehnung einer historisch bestimmten, durch die Tradition der Lyrik weitgehend vermittelten Form die expressionistischen Lyriker sich zu einer neuen Form durcharbeiten, die ihrerseits durchaus der neuen Aussageabsicht angemessen ist, sie unterstützt, ja geradezu mitbestimmt. Eine Analyse der Form, die diesem Zusammenspiel von neuer Aussageintention und neuer lyrischer Form nachgeht, hat also durchaus ihren Sinn.

Warum die Expressionisten von der traditionellen, teilweise hoch artifiziellen Form der Lyrik abweichen wollen, begründet Stadler in seinem Gedicht ‚Form ist Wollust', das zwar selbst formstreng gebaut ist, dennoch aber die Zersprengung formaler ‚Riegel' einfordert:

Ernst Stadler: Form ist Wollust

Form und Riegel mußten erst zerspringen,
Welt durch aufgeschlossne Röhren dringen:
Form ist Wollust, Friede, himmlisches Genügen.
Doch mich reißt es, Ackerschollen umzupflügen.

Form will mich verschnüren und verengen.
Doch ich will mein Sein in alle Weiten drängen –
Form ist klare Härte ohn' Erbarmen,
Doch mich treibt es zu den Dumpfen, zu den Armen,
Und in grenzenlosem Michverschenken
Will mich Leben mit Erfüllung tränken.[21)]

Die Überschrift ist als These zu verstehen, die in den folgenden zehn Zeilen belegt werden soll. Sie bleibt zunächst dem Verständnis verschlossen. Was unter ‚Form', was unter ‚Wollust' verstanden werden soll und inwiefern beide miteinander gleichgesetzt werden können, ist allenfalls erahnbar, zumal der Text selbst mit dem fünf- oder sechsfüßigen Trochäus, dem durchgehaltenen Paarreim und der klaren Gliederung (1./2. Zeile und 9./10. Zeile rahmen die anaphorisch, parallel geführten, jeweils aus zwei Zeilen bestehenden Komplexe 3 – 8 genau ein) ganz in der lyrisch strengen Formkonvention verbleibt. Erst durch das mehrfache Durchspielen von Gegensätzen gewinnen die Begriffe der Überschrift ‚Form' und ‚Wollust' genauere Kontur. Form bedeutet danach Weltabgeschlossenheit, Selbstgenügsamkeit und Härte, und erst das Zersprengen dieser Form, das Wegschieben eines Riegels, ermöglicht und eröffnet den Zugang zur Welt, das Einswerden von Ich und Welt. Das lyrische Ich will aus der Enge, der Verschnürung, heraustreten, will sich verschenken, ganz den Armen und Dumpfen hingegeben. Nur in dieser Selbstöffnung, die ihm die Form verweigert, findet es Erfüllung bzw. die Vermittlung mit dem Leben. Stadler erteilt hier der artistischen Kunst, für ihn gleichzusetzen mit dem Ästhetizimus oder Symbolismus der George-Schule, eine klare Absage. Er reflektiert dabei auf seine eigenen lyrischen Anfänge (‚Präludien', 1905), die noch ganz im Banne dieser Art von Lyrik standen. Er zielt stattdessen auf eine Dichtung, die im Gestus des Erbarmens sich dem Leben öffnet und sich nicht wollüstig an sich selbst berauscht. Er wählt für diese neue Art von Dichtung das Bild des Pflügens von Ackerschollen, d. h. er sucht nach einer Dichtung, die vermöge ist, den Boden zu bereiten, daß aus ihm neues Leben erwachse. Dies gelingt nur, so wird man sagen müssen, wenn auch die lyrische Form gelockert und aufgeweicht wird.

3. Bevorzugung des Reihungsstils

Im vorausgegangenen Abschnitt wurde konstatiert, daß sich expressionistische Lyrik häufig des Reims, eines festen Metrums, fester Strophen- und Gedichtformen entledigt. Das hat zur Folge, daß sich diese Art von Lyrik auf ein einziges, jedoch *das* konstitutive Merkmal lyrischer Texte reduziert, die Zeile als bewußt vom Autor gesetzte kompositionelle Einheit. Gedichte werden – charakteristisch für die moderne Lyrik überhaupt – zu Zeilenkompositionen. Heselhaus führt dazu aus:

> „Die Zeile stellt die eigentliche rhythmische Einheit dar. Das Zeilenende ist immer durch eine Sinnpause markiert. Mehrere Zeilen schließen sich zu einer Sinneinheit zusammen. Aus der Komposition verschieden langer Zeilen setzt sich das ganze Gedicht zusammen. Man kann deshalb diese neuen reim- und strophenlosen Gedichte als Zeilengedichte oder Zeilenkompositionen bezeichnen. [. . .] An und für sich liegt beim Zeilengedicht die Gefahr nahe, daß die einzelnen Zeilen, die nicht mehr durch Metrum und Reim gebunden sind, auseinanderfallen. Die Zusammenhanglosigkeit ist denn auch ein wichtiges Ergebnis der Zeilenkompositionen. Aber es kommt nun alles darauf an, diese Zusammenhanglosigkeit durch Verknüpfung in einer höheren Einheit des Sinns, des Bildes oder des Rhythmus wieder aufzuheben."[22)]

Zeilenkompositionen und die Bevorzugung der Parataxe, wie sie K. Eibl als Charakteristikum expressionistischer Lyrik in den Vordergrund stellt, haben ihr Pedant in der veränderten Wirklichkeitsperzeption der Dichter. Werfel bekennt:

> „Wir sind alle hineingestellt in eine fürchterliche Unübersehbarkeit, der Reichtum der Einsichten und Organismen trug Verzweiflung und Wahnsinn in uns hinein, wir stehen machtlos der Einzelheit gegenüber, die keine Ordnung zur Einsicht macht, es scheint, das ‚Und' zwischen den Dingen ist rebellisch geworden, alles liegt unverbindbar auf dem Haufen, und eine neue entsetzliche Einsamkeit macht das Leben stumm."[23)]

Die so ähnlich schon 1902 in Hofmannsthals ‚Chandos Brief' beschriebene dissoziative Bewußtseinslage, die für die damalige Wiener Kulturszene in Kunst, Wissenschaft und Philosophie (Mach/Vaihinger)

charakteristisch war, hat sich folglich in den Jahren nach 1910 weiter verschärft. Expressionistische Lyrik versucht, diese Bewußtseinslage formal zu simulieren in dem Nebeneinander syntaktisch und semantisch tendenziell unkoordinierter und austauschbarer Wörter, Sätze und größerer Einheiten (Strophen), im Reihungs-oder Simultanstil. Was dieser Zeilen-, Reihungs- oder Simultanstil leisten kann, sei an zwei Beispielen demonstriert.
‚Weltende' betitelt Jakob van Hoddis sein kleines, zweistrophiges Gedicht, das am 11. Januar 1911 in der Berliner Zeitschrift ‚Der Demokrat' erschien.

Jakob van Hoddis: Weltende

Dem Bürger fliegt vom spitzen Kopf der Hut,
In allen Lüften hallt es wie Geschrei.
Dachdecker stürzen ab und gehn entzwei
Und an den Küsten – liest man – steigt die Flut.

Der Sturm ist da, die wilden Meere hupfen
An Land, um dicke Dämme zu zerdrücken.
Die meisten Menschen haben einen Schnupfen.
Die Eisenbahnen fallen von den Brücken.[24)]

Kurt Pinthus beginnt später mit diesem Text seine Anthologie expressionistischer Gedichte, und es ist nicht zuletzt diese ausgezeichnete Stellung, die dem kleinen, unscheinbaren Gedicht über die Zeit hinaus zu seiner Berühmtheit verhalf. Innerhalb des Kreises der Expressionisten galt das Gedicht gleichsam als Fanal. So bemerkt Franz Pfemfert zu ‚Weltende':

„Dieses Gedicht des genialen Jakob van Hoddis leitete, im Januar 1911, die Aktionslyrik ein, die jetzt das Schlagwort ‚expressionistische' Lyrik nennt. Ohne Jakob van Hoddis wäre unser Alfred Lichtenstein, wären die meisten ‚fortschrittlichen' Lyriker undenkbar."[25)]

Und Kurt Hiller, ausgezeichneter Kenner der literarischen Szene des Expressionismus, bekannte noch 1960 in einem im Schiller-Nationalmuseum in Marbach am Neckar gehaltenen Vortrag:

„Sein berühmtes Gedicht ‚Weltende', womit tatsächlich die ‚fortgeschrittene' oder ‚expressionistische' Lyrik eröffnet worden ist, kannte ich lange, bevor Franz Pfemfert es druckte. Jawohl, van Hoddis war der Initiator dieser künstlerischen Bewegung."[26]

Es ist zunächst schlecht vorstellbar, wie von diesen zwei Strophen sich eine ganze Bewegung herschreibt, denn van Hoddis bleibt doch innerhalb des traditionellen Rahmens, wenn er seine zwei je vierzeiligen Strophen konventionell im umschließenden Reim (1. Strophe) und im Kreuzreim (2. Strophe) sich reimen läßt und darüber hinaus sogar in allen Zeilen den fünfhebigen Jambus verwendet.

Was aber hier durch den Reim zusammengehalten werden soll, erweist sich als äußerst disparat, ja es hat ganz den Anschein, als würde hier durch den Reim und die oberflächliche Gliederung in Strophen völlig Heterogenes zusammengezwungen und -gehalten. Denn was hat schließlich das Wegfliegen eines Hutes vom ‚Kopf des Bürgers' mit einem ‚in allen Lüften hallenden Geschrei', was das ‚Entzweigehen der herabstürzenden Dachdecker' mit der steigenden Flut zu tun? Und auch die zweite Strophe bildet in sich keinen verfolgbaren Handlungsgang. Das Hüpfen der Meere bleibt unverbunden mit dem Schnupfen der meisten Menschen, dieser wiederum steht in keinem Zusammenhang mit dem Fallen der Eisenbahnen von den Brücken. Es ist der von van Hoddis verwandte Zeilenstil, der dieses Bild größter Heterogenität, Unordnung und Zusammenhanglosigkeit schafft. Man kann die Probe machen und einmal alle Zeilen untereinander austauschen. Das Gedicht – übersieht man die somit zerstörte oder geänderte Reimform – verliert keineswegs an Wirkung. Es behält seinen Charakter des Grotesken oder Makabren bei. Was für die von van Hoddis gewählte Anordnung der Zeilen spricht, ist lediglich, daß so eine gewisse, wenn auch nicht konsequent durchgehaltene Steigerung in den Text hineinlesbar ist: Ein sich ankündigender Sturm hat erste Auswirkungen (1.–3. Zeile), die Flut steigt, schließlich (1. Zeile der zweiten Strophe) ist die Flut da. Aber auch, wenn man den Text durch diese Leseweise ‚in Ordnung' bringt, fallen doch die beiden letzten Zeilen wieder zusammenhangslos heraus. Nach diesem Umstellexperiment läßt sich also sagen, daß van Hoddis ganz bewußt die Unordnung gesucht hat, konkrete, in sich kausal verknüpfte Handlungsabläufe meidet, ja sogar die einzelnen Bilder in sich bewußt überzeichnet. Schon in der ersten Zeile ist nicht die Rede von *einem* Bürger, dem der Hut vom Kopfe fliegt. Es

heißt dort mit bestimmtem Artikel ‚*dem* Bürger fliegt vom spitzen Kopf der Hut'. So kommt eine karrikierende Wirkung zustande, das Bürgertum wird lächerlich, komisch dargestellt. Ebensowenig konkret ist auch die zweite Zeile: ‚In allen Lüften hallt es wie Geschrei.' Man vernimmt also kein Schreien, es hallt nur *wie* Geschrei. Was aber da hallt, bleibt ungenannt (‚es'), gleichfalls ist nicht die Rede von *der* Luft, sondern Hoddis wählt den Plural: ‚In allen *Lüften*'. So könnte man Zeile für Zeile vorgehen, um jene Momente zu bestimmen, die dem Text seinen grotesk-komischen Charakter verleihen. In der dritten Zeile fällt auf, daß die Dackdecker wie Dinge ‚entzweigehen'. Ungewöhnlich ist auch, daß ‚wilde Meere an Land hupfen'. Die Wildheit des Meeres verträgt sich nicht mit der kleinen, grazilen Bewegung des Hupfens. ‚Eisenbahnen' – auch hier fällt die Pluralbildung auf – fallen schließlich wie Spielzeuge von den Brücken.
Man wird sich fragen, warum Hoddis diesen Ton wählt. Der Titel kündigt ein Weltende an. Und alle Einzelereignisse lassen sich als Ankündigung dieses Ereignisses lesen. Das Chaos bricht los. Aber Hoddis wählt nicht den erwarteten, apokalyptisch bedrohlichen Ton, vielmehr wirkt das Gedicht launig unbekümmert, ganz ohne Schwere. Und in der Tat, das Weltende findet nicht statt. Die letzte Zeile der ersten Strophe darf nicht übersehen werden: ‚Und an den Küsten – liest man – steigt die Flut.' Was an Geschehnissen zusammengetragen ist, bildet das Kaleidoskop der Zeitungslektüre. Katastrophe reiht sich unverbunden an Katastrophe, gefiltert wahrgenommen durch die beruhigende Distanz der Zeitungslektüre. Das Gedicht ‚Weltende' wäre folglich mißverstanden, wenn man es als ernste Prophetie einer nahenden Endzeit lesen würde, es ist vielmehr Parodie einer solchen Weltuntergangsstimmung; es ist ironisch-parodistisch gemeint, nicht visionär, wie es häufig verstanden wird. Eine Unterstützung dieses Analyseergebnisses erhält man auch, wenn man sich erinnert, wo van Hoddis seine Gedichte zunächst vortrug, nämlich im Neopathetischen Kabarett. Kabarettistische Züge trägt dann auch das ‚Weltende', es will Bürgerschreck sein, indem es sich über die Aufgeregtheit des saturierten, aber sensationslüsternen Bürgers mokiert. Was den Bürger zu dieser Zeit aus der Ruhe reißt, ist der Halleysche Komet, dessen Wiedererscheinen für die Mitte des Jahres 1910 vorhergesagt war und der Deutschland und Europa in panischen Schrecken und eine Weltun-

tergangsstimmung versetzte. Diese Katastrophenstimmung belächelt Hoddis in seinem Gedicht, indem er ein Bürgertum verulkt, das sich in Untergangsstimmung durch einen Kometen versetzen läßt, ohne zu merken, daß es selbst dem Untergang geweiht ist.
An einem weiteren Beispiel sei nochmals aufgezeigt, was der Zeilen- oder Reihungsstil leisten kann.
Wie van Hoddis ‚Weltende' stammt auch Lichtensteins ‚Dämmerung' aus dem Jahre 1911:

Alfred Lichtenstein: Die Dämmerung

Ein dicker Junge spielt mit einem Teich.
Der Wind hat sich in einem Baum gefangen.
Der Himmel sieht verbummelt aus und bleich,
Als wäre ihm die Schminke ausgegangen.

Auf lange Krücken schief herabgebückt
Und schwatzend kriechen auf dem Feld zwei Lahme.
Ein blonder Dichter wird vielleicht verrückt.
Ein Pferdchen stolpert über eine Dame.

An einem Fenster klebt ein fetter Mann.
Ein Jüngling will ein weiches Weib besuchen.
Ein grauer Clown zieht sich die Stiefel an.
Ein Kinderwagen schreit und Hunde fluchen.[27)]

Das Gedicht reiht eine Anzahl von Momentaufnahmen aneinander, die weder in einem räumlichen noch kausalen Zusammenhang gebracht worden sind. Einheitsstiftend ist allenfalls die Überschrift ‚Dämmerung', die jenen Zeitpunkt angibt, zu dem sich die auf die zwölf Zeilen verteilten Ereignisse ereignen. Von diesen auf drei Strophen verteilten zwölf Versen bestehen allein acht aus je einem einzigen, vollständigen Satz. Die beiden übrigen Ereignisse (der geschminkte Himmel, die kriechenden Lahmen) sind genau über je zwei Verse verteilt, so eine gewisse Variation in die ansonsten monotone Satzreihung bringend. Auch die letzte Zeile variiert das den Text ansonsten bestimmende Schema, weil innerhalb einer Zeile gleich zwei Ereignisse genannt werden (‚Ein Kinderwagen schreit und Hunde fluchen.'). Was bewirkt nun hier der Reihungsstil? Er erzeugt Heterogenität, weil die einzelnen

Wirklichkeitswahrnehmungen nicht miteinander verknüpft und auch nicht durch die Perspektive eines lyrischen Ich, das von einem bestimmten Ort aus wahrnimmt, gebündelt werden. Die ‚normale' Wirklichkeitswahrnehmung wird also durchbrochen. Solche Verfremdung zeigt sich auch an anderen Stellen des Gedichtes, die alle den Zweck verfolgen, den Reflex der Dinge unmittelbar wiederzugeben. Lichtenstein schreibt in einer eigenen Interpretation seines Gedichtes:

> „Absicht ist weiterhin, die Reflexe der Dinge unmittelbar – ohne überflüssige Reflexionen aufzunehmen. Lichtenstein weiß, daß der Mann nicht am Fenster klebt, sondern hinter ihm steht. Daß nicht der Kinderwagen schreit, sondern das Kind in dem Kinderwagen. Da er nur den Kinderwagen sieht, schreibt er: Der Kinderwagen schreit. Lyrisch unwahr wäre, wenn er schriebe: Ein Mann steht hinter einem Fenster. Zufällig auch begrifflich nicht unwahr ist: Ein Junge spielt *mit* einem Teich. Ein Pferd *stolpert* über eine Dame. Hunde *fluchen.* Zwar muß man sonderbar lachen, wenn man s e h e n lernt: Daß ein Junge einen Teich tatsächlich als Spielzeug benutzt. Wie Pferde die hilflose Bewegung des Stolperns haben. [...] Wie menschlich Hunde der Wut Ausdruck geben. [...]"[28)]

Worum es also Lichtenstein geht, ist das neue Sehen, eine neue Art der Wahrnehmung, die als eine andere Möglichkeit neben die normale Form der Realitätserfassung und ihre sprachliche Darstellung tritt. Dadurch, daß eine andere Möglichkeit aufscheint, verliert das Normale an Normalität. Mensch, Natur und Dinge werden systematisch verfremdet, sei es durch eine ungewohnte Wortwahl, durch einen komischen Vergleich (s. 3/4. Zeile), sei es durch die Sprache der Vermutung (s. 7. Zeile) und die durch den Zeilenstil verursachte Zusammenfügung des Zufälligen. Aus all dem resultiert ein für die expressionistische Lyrik typisches Gefühl einer instabil gewordenen Wirklichkeit, hier vornehmlich erzeugt durch den Reihungsstil.

4. Abweichung von der Grammatik und geläufiger syntaktischer Ordnung

Der Verzicht auf traditionelle lyrische Bauelemente und die Konzentration auf die Zeile, wie er in den vorangegangenen Kapiteln vorgestellt wurde, zeigt deutlich, daß auf diese Weise neue Ausdruckswerte geschaffen werden. Ähnlich verhält es sich auch mit der von einigen Expressionisten erprobten Abweichungen von Grammatik und Syntax. Das extremste, aber auch ergiebigste Beispiel für diese Tendenz expressionistischer Lyrik findet sich im Werk August Stramms, der Wörter und grammatische Formen verändert und dadurch Bewegungen, Bezüge und Modalitäten in die Sprache bringt, die man als unmöglich im Deutschen bezeichnen müßte, die aber doch einen Reichtum an Assoziationsmöglichkeiten freisetzen, der vom Aussagesystem der Grammatik nur verdeckt wird. Ein Beispiel sei daraufhin analysiert:

August Stramm: Freudenhaus

Lichte dirnen aus den Fenstern
die Seuche
spreitet an der Tür
und bietet Weiberstöhnen aus!
Frauenseelen schämen grelle Lache!
Mutterschöße gähnen Kindestod!
Ungeborenes
geistet
dünstelnd
durch die Räume!
Scheu
im Winkel
schamzerpört
verkriecht sich
das Geschlecht![29]

Hier werden grammatische Formen zerstört, die herkömmliche Syntax wird weitgehend aufgelöst. Stramm verzichtet auf eine den Text klar gliedernde Interpunktion. Nur das Ausrufezeichen dient an manchen Stellen zur Intensivierung der Aussage. Durch das Fehlen der Satzzeichen entsteht die Möglichkeit, Wortgruppen mehrfach zu beziehen. So lassen sich die ersten beiden Zeilen als ein Satz lesen, wobei dann ‚die Seuche' Akkusativobjekt des Verbs ‚dirnen' sein könnte. Andererseits läßt sich auch ‚die Seuche' der dritten Zeile zufügen, wobei ‚die Seuche' dann die Subjektposition des Satzes (‚die seuche/spreitet an der

Tür‘) einnähme. Solche sprachlichen Mehrdeutigkeiten kommen u. a. auch durch Stramms Verzicht auf die traditionellen Deklinations- und Flexionsformen zustande, durch die von den Regeln häufig abweichende Handhabung der Groß- und Kleinschreibung und schließlich durch die Neuprägung von Worten. Dazu schmelzt Stramm z. B. zwei Wörter zusammen, ändert die Wortart oder bedient sich ähnlicher radikaler Verfahrensweisen. So wird z. B. das Hauptwort ‚Dirne‘ zum flektierten Zeitwort, die beiden Wörter ‚spreizen‘ und ‚schreiten‘ werden zusammengefügt zu ‚spreiten‘, das reflexive ‚sich schämen‘ erhält Ausdruckskraft durch die Konzentration auf ‚schämen‘ (Frauenseelen schämen (sich) grelle(r) Lache). Ausdrucksmächtiger ist auch der sprachliche Neologismus ‚geistet‘ statt ‚geistert‘, so die Bedeutung von ‚Geist‘ und ‚Geister‘ auf engstem Raum zusammenfügend. Wie bewußt Stramm seine Texte baut, kann man einer brieflichen Äußerung ablesen, in der er Stellung zu einem Druckfehler nimmt, der sich bei der Drucklegung des Gedichtes ‚Freudenhaus‘ eingeschlichen hatte:

> „Anbei schicke ich Dir“, so schreibt er an seinen Freund Herwarth Walden, den Organisator des ‚Sturm‘-Kreises, „die Korrektur. Es sind einige Kleinigkeiten drin. Besonders erwähnenswert erscheint mir die vorletzte Zeile, in der das Wort ‚schamzerpört‘ zu ‚schamzerstört‘ geworden ist. [. . .] Ich weiß nicht, ob da nur ein Lesefehler oder eine Regung des Sprachgefühls des Druckers vorliegt. Jedenfalls sagt mir ‚schamzerpört‘ mehr als das andere. Scham und Empörung ringen miteinander und die Scham zerdrückt. Auch ‚schamempört‘ sagt das lange nicht; außerdem liegt das Wesen des Wortes ‚empören‘ meinem Gefühl nach nicht in dem ‚em‘, das höchstens für die Wortlehre als Erklärung Bedeutung hat, für das Gefühl liegt der Begriff des Empörens aber lediglich in dem ‚pören‘ oder vielmehr einfach vollständig in der einen Lautverbindung ‚pö‘. [. . .] Deshalb halte ich ‚schamzerpört‘ hier für das einzig alles sagende Wort [. . .] Ebenso könnte in der letzten Zeile zwischen ‚Verkriecht sich‘ und ‚Das Geschlecht‘ eine Lücke bleiben, wie das im Manuskript auch stehen wird. Hinter ‚sich‘ ist die scharfe Senkung und ‚das Geschlecht‘ ist neue starke Hebung. Ich habe es absichtlich nicht in eine neue Zeile gesetzt, weil durch die Lücke und das sich Seitwärtsschieben des ganzen Wortes mir eben das Verkriechen auch äußerlich zum Ausdruck gebracht schien.“[30]

Wenn auch diese in dem Brief an Walden vom 11. 6. 1914 gegebene optische Anweisung zur Gestaltung des Gedichtes wohl wieder nachträglich revidiert worden ist, zeigen doch die Überlegungen, die Stramm hier anstellt, wieviel er der Rhythmik, dem Zeilenaufbau und dem visuellen Eindruck seiner Gedichte zur Bedeutungskonstitution dieser Texte zumißt. Nimmt man noch sprachliche Verfahrensweisen wie die Schaffung neuer Komposita, die Eliminierung der Präfixe und Artikel, die Umformung von Präsenspartizipien in zweisilbige attributive Adjektive (z. B. ‚der keuche Tod') hinzu, so laufen all diese sprachlichen Operationen darauf hinaus, das Bedeutungsvolumen der Wörter zu vergrößern, mit neuen Bedeutungen anzufüllen. Insgesamt gilt für Stramms Gedichte das Gesetz, daß hier durch ein Minimum an sprachlichem Aufwand ein Maximum an Bedeutung erzeugt wird.

5. Rhetorisierung und Pathetisierung der Aussage

Dieser Minimierung steht – die expressionistische Lyrik bewegt sich in solchen Extremen – die gerade für den sog. messianischen Expressionismus charakteristische Maximierung der Wirkung durch Pathetisierung und Rhetorisierungen gegenüber. Vor dem Hintergrund des Krieges wird das Verlangen einiger Expressionisten immer größer, für eine innere Erneuerung des Menschen und eine radikale Verbesserung der Welt zu kämpfen. Es gilt, diesen neuen Menschen zu verkünden. Als Verkünder und Propheten verstehen sich die Dichter, allen voran Autoren wie Rubiner, Becher, Wolfenstein, Hasenclever oder Otten. In einer überschwenglichen, rhetorisch übersteigerten Lyrik beschwören sie das eigentliche Wesen des Menschen und der Welt und stellen es der verhaßten substanz- und wesenlos gewordenen Wirklichkeit entgegen. Dabei verdeckt die rhetorisch aufgebauschte, pathetische Form die mangelnde Konkretion der Vorstellung, wie denn nun eine wesentliche Erneuerung in die Wege zu leiten wäre und welche Form sie anzunehmen hätte. Ausdrücke wie ‚Mensch', ‚Bruder', ‚Liebe', ‚Menschheit', ‚Freundschaft' und ‚Kameradschaft' sind die Kernwörter solcher Lyrik und lassen sich leicht als zumeist gutgemeinte, aber dennoch leere Formeln erkennen. Diese ‚O-Mensch-Dichtung', die zu innerer Wandlung und Einkehr aufruft, vollzieht sich nach dem Muster religiöser Erweckungs- und Bekehrungserlebnisse,

ihre Sprache ist darum voll mit religiösen Formeln, Bildern und Symbolen. (Im expressionistischen Drama entspricht dieser Form der Lyrik das sog. Verkündigungsdrama.)
Wenden wir uns wieder einem Beispiel zu, Bechers Gedicht ‚Mensch stehe auf'. Es genügt, nur einige Zeilen dieses mehr als einhundert Zeilen umfassenden Textes wiederzugeben, um dessen Bauart kennenzulernen:

Johannes R. Becher: Mensch stehe auf

Verfluchtes Jahrhundert! Chaotisch! Gesanglos!
Ausgehängt du Mensch, magerster der Köder, zwischen Qual Nebel-Wahn Blitz.
Geblendet. Ein Knecht. Durchfurcht. Tobsüchtig. Aussatz und Säure.
Mit entzündetem Aug. Tollwut im Eckzahn. Pfeifenden Fieberhorns.

Aber
Über dem Kreuz im Genick wogt mild unendlicher Äther.
Heraus aus Gräben Betrieben Asylen Kloaken, der höllischen Spelunke!
Sonnen-Chöre rufen hymnisch auf die Höhlen-Blinden.
Und
Über der blutigen Untiefe der Schlachten-Gewässer
Sprüht ewig unwandelbar Gottes magischer Stern.

Du Soldat!
Du Henker und Räuber! Und fürchterlichste der Geißeln Gottes!
Wann endlich
– frage ich bekümmert und voll rasender Ungeduld zugleich –
Wann endlich wirst du mein Bruder sein??
Wenn
Das mörderische Messer restlos von dir in dir *abfällt.*
Du vor Gräbern und Feinden waffenlos umkehrst:
Ein Deserteur! Ein Held! Bedankt! Gebenedeit!
Zornig du in tausend Stücke das verbrecherische Gewehr zerschmeißt.

Rücksichtslos dich deiner ‚verdammten Pflicht und Schuldigkeit' entziehst
Und deinen billigen hundsföttischen Dienst höhnisch offen verweigerst allen Ausbeutern, Tyrannen und Lohnherrn.
Wenn
Dein zerstörerischer Schritt nicht mehr erbarmungslos stampft über die friedlichen Lichtgründe einer kreaturenbeseelten Erde.
Und du dich wütend selbst zermalmst vor deinen glorreichen Opfern am Kreuz.
... dann dann wirst du mein Bruder sein ...

[...]

Sage mir o Mensch mein Bruder wer du bist!
Glücklich
Umgurgelt von den ruhlosen Gespenstern der unschuldig und wehrlos Abgeschlachteten!?
Der Verdammten Evakuierten explodierenden Sklaven und Lohnknechte!?
Trostlose Pyramide rings Wüstenei Gräber Skalp und Leiche.
Der Hungerigen und Verdursteten ausgedörrte Zunge euch Würze des Mahls!?
Jammer-Röcheln, Todeshauch, der Erbitterten Wut-Orkan euch wohlgefällige Fern-Musik?
Oder aber
Reicht dies brüllendste Elend alles nicht an euch
Ihr Satten Trägen Lauen ihr herzlos Erhabenen?
Euerer Härte Feste, vom Zyklon der Zeit umdonnert, wirklich unberührt!?

[...]

Mensch: du menschenabgewandter, einsamer Brodler, Sünder Zöllner Bruder: wer wer bist du!!

Drehe im Grabe dich! Dehne dich sehne dich!
Atme! Entscheide dich endlich! Wende dich!
Limonen-Farm oder Distel-Exil.
Auserwählte Insel oder Pfuhl der Schächer.
Ruinen-Keller, Strahl-Prophet und Flammen-Sinai.
Lokomotiven Tempo Bremse kläffend.
Mensch Mensch mein Bruder wer bist du!?

Schwefel-Gewitter stopfen ruchlos azurenen Raum,
Deiner Sehnsucht Horizont vergittert sich.
(... nieder ins Blut! Brust auf! Kopf ab! Zerrissen! Gequetscht. Im Rüssel der Schleusen ...)
Noch noch ist's Zeit!
Zur Sammlung! Zum Aufbruch! Zum Marsch!
Zum Schritt zum Flug zum Sprung aus kananitischer Nacht!!!
Noch ist's Zeit –
Mensch Mensch Mensch stehe auf stehe auf!!![31]

Becher beschwört den Menschen in immer wieder neuen Anläufen, ein anderer zu werden. Er hält ihm zunächst sein verfluchtes Jahrhundert vor, fragt dann mehrfach ‚Wann endlich wirst du mein Bruder sein??' und gibt in einer sich über mehrere Zeilenblöcke hinziehenden wenn-dann Konstruktion jene abstrakt gehaltene Situationsbestimmung, wann der Mensch dem Menschen ein Bruder sei. Schließlich hebt er im zweiten Großteil nochmals mit der Frage an ‚Sage mir o Mensch mein Bruder wer du bist!', gibt eine nicht enden wollende Reihe von alternativen, aber stets in einfacher Opposition zueinander stehenden Antworten, die durchsetzt sind mit Appellen, wie:

Schütte dich aus! Bekenne dich!
Erhöre dich! Werde deutlich!
Sei kühn und denke!

um dann schließlich mit der titelgebenden Zeile zu schließen:

Noch ist's Zeit –
Mensch Mensch Mensch stehe auf stehe auf!!!

Die sprachliche Forcierung, die hier gesucht wird, läßt sich allein schon anhand der ersten Zeilen aufweisen. Die ersten beiden Worte ‚Verfluchtes Jahrhundert!' geben das Thema an. Das Ausrufezeichen soll diesem Ausruf besonderen Nachdruck verleihen. Die beiden die erste Zeile beschließenden, jeweils allein gesetzten und ebenfalls zur Bekräftigung mit Ausrufezeichen versehenen Adjektive ‚Chaotisch! Gesanglos!' stellen eine erste, nicht tiefer begründete Charakterisierung dieses verfluchten Jahrhunderts dar. Mit der zweiten Zeile folgt die Benennung des ‚du', an das sich das Gedicht richtet. Der Leser ist als Mensch ganz allgemein angesprochen. Statt eines vollständigen ‚Du bist als Mensch ausgehängt' verkürzt Becher und gibt der Aussage besonderen Nachdruck durch die Inversion ‚Ausgehängt du Mensch', dem dann eine mehrgliedrige, syntaktisch bruchstückhafte Apposition folgt, die sprachliche Steigerungen sucht durch den Superlativ, das Weglassen von Artikeln, Verkürzungen (‚Aug'), ungewöhnliche Wortkomposita (‚Nebel-Wahn') oder ungewöhnliche, extreme Wendungen wie ‚Tollwut im Eckzahn'.
Eine gewaltsame Forcierung der Sprache läßt sich folglich am ganzen Gedicht ablesen. Sie sei hier nochmals anhand der letzten Zeilen demonstriert: Ein einfaches ‚Mensch stehe auf' genügt nicht. ‚Mensch' wird gleich dreimal wiederholt, ‚stehe auf' zweimal. Und damit nicht genug. Der Appell wird beschlossen, als traue man der eigenen Sprache nicht, durch ein Ausrufezeichen, das gleich dreimal gesetzt wird. Der Text lebt demnach von Ausrufen, direkter Ansprache an den Leser, rhetorischen Fragen, Worthäufungen und Wortneuschöpfungen, denen wohl besondere Kraft zugetraut wird, Superlativen, Steigerungen u. a. All diese eingesetzten rhetorischen Figuren verfolgen den Zweck, den Text zu pathetisieren, Leidenschaft zu demonstrieren, um zu überzeugen bzw. zu überreden. Es ist diese Richtung des messianischen Expressionismus, die lange Zeit *das* Bild des Expressionismus bestimmte und z. B. G. Lukács zu seiner scharfen Kritik am Expressionismus und seiner Ideologie und Sprache veranlaßte, eine Kritik, die, vorgetragen in der Abhandlung ‚Größe und Verfall des Expressionismus', den Expressionismus-Streit auslöste.

Lukács schreibt:

„Die Nichtigkeit der Inhalte wird [...] in eine fanfarenhafte Pathetik der

Sprachbehandlung gekleidet. Konnte noch der frühe Expressionismus vor dem Krieg oder sein epigonenhaftes Vegetieren nach dem Abebben der ersten Revolutionsflut mit zersetzter Selbstironie diesen Zwiespalt offen zeigen und damit – scheinbar – gestalterisch überwinden, so war dies gerade für die Blütezeit des Expressionismus ausgeschlossen. Die Dichter waren durch ihre Stellung zu Krieg und Revolution gezwungen, pathetisch, selbstsicher, manifesthaft, als ‚Führer' aufzutreten und die leere Subjektivität ihrer inhaltlos-irrationalen ‚Begriffe' als Verkündigungen, als Aufrufe und Wegweiser von sich zu geben. Die von der Gegenständlichkeit der objektiven Wirklichkeit sich loslösende Sprache erstarrt damit in eine blecherne ‚Monumentalität', die fehlende Durchschlagkraft an Inhaltlichkeit muß durch hysterische Übersteigerung der nebeneinandergeworfenen, innerlich zusammenhanglosen Bilder und Gleichnisse ersetzt und verdeckt werden. [. . .] Die abstrahierende Verarmung an Inhaltlichkeit zeigt nicht bloß die Entwicklungsrichtung und damit das Schicksal des Expressionismus an, sie ist von Anfang an ihr zentrales, unüberwindliches Stilproblem, denn die außerordentliche Dürftigkeit des Inhalts, der auf diese Weise zustande kommt, steht in schreiendem Gegensatz zu der Prätention seines Vortrages, zu dem überspannten und übersteigerten subjektiven Pathos seiner Darstellung."[32)]

6. Dynamisierung der Sprache

Noch weitere Eigentümlichkeiten expressionistischen Stils in der Lyrik lassen sich mit aller Vorsicht benennen. Sie sind weitgehend zu verstehen als Reaktion auf eine von den Autoren erfahrene Sprachnot, die es zu überwinden galt, um neue Inhalte in die Lyrik aufzunehmen. In der Lyrik ist eine Tendenz zur Dynamisierung des Sprechens anzutreffen, durch die sich die innere Bewegtheit in äußere Dynamik umsetzt. Als Beispiel sei hier Stadlers Gedicht ‚Fluss im Abend' angeführt, das ganz aus der von den Verben und deren Präfixen erzeugten Bewegung lebt:

Ernst Stadler: Fluß im Abend

Der Abend läuft den lauen Fluß hinunter,
Gewittersonne übersprengt die Ufersenkung bunter.
Es hat geregnet. Alle Blätter dampfen Feuchte.
Die Weidenwildnis streckt mit hellen Tümpen sich ins witternde Geleuchte.
Weiße Nebel sich ins Abendglänzen schwingen.
Unterm seichten Fließen dumpf und schrill die mitgezogenen Kiesel klingen.
Die Pappeln stehn im Licht, traumgroße Kerzen dick mit dem Honigseim beträuft –
Mir ist, als ob mein tiefstes Glück durch grüne Ufer in den brennenden Gewitterabend läuft.[33]

Die Dominanz des Verbs ist hier ganz deutlich: Läuft hinunter, übersprengt, hat geregnet, dampfen (hier transitiv gebraucht), streckt sich, sich schwingen, klingen, stehn, läuft. Dazu treten noch eine Reihe von Verbalnomina: das Geleuchte, das Abendglänzen, das Fließen und attributive Adjektive aus Partizipien wie witternd, mitgezogene, brennend. Damit gewinnt das Gedicht eine Form höchster Bewegtheit, durch die eine an sich ruhende Landschaft dynamisiert wird. Gleich der Anfang zeigt diese Tendenz, wenn Stadler beginnt: ‚Der Abend läuft den lauen Fluß hinunter'. Die normale Aussage, daß ein Fluß durch eine Abendlandschaft laufe, wird umgekehrt, so daß nunmehr ein in sich ruhender Raum in einen zeitlichen Vorgang verwandelt wird. Dem entspricht am Ende des Gedichtes die Feststellung, daß das eigene tiefste Glück durch grüne Ufer in den Gewitterabend laufe. Inneres Erlebnis und äußerer Vorgang werden miteinander identifiziert, und in diesem Einswerden, der Verschmelzung von Innen und Außen bzw. der harmonischen Bewegung zwischen innerer und äußerer Bewegung, liegt das tiefste Glück.

7. Radikalisierung metaphorischen Sprechens zur Chiffrierung

Der Expresssionismus lebt, wie oben bereits mehrfach gesagt, aus den Extremen heraus, und so dürfte es nicht verkehrt sein, etwa die lyrische Sprache Trakls – die hier als Beispiel dienen soll – als genaue

Zurücknahme jenes hohlen Pathos und des auf plakative Verständlichkeit hin ausgerichteten Sprechens eines messianischen Verkündigungsexpressionismus zu verstehen. Die rhetorisierte Lyrik zielt auf einhämmernde Wirkung, Trakls Sprechen dagegen ist in seinem hermetischen Charakter mehr monologisch, an der Grenze des Schweigens angesiedelt. Seine Sprache verschließt sich der eindeutigen Bedeutung, wird mehrdeutig und ähnelt darum eher einer ‚Privatsprache', falls es so etwas überhaupt gibt. Ein wesentliches Element seines lyrischen Sprechens ist die Chiffre. Dabei radikalisiert Trakl die für die expressionistische Lyrik charakteristische Art metaphorischen Sprechens. Lyrik und Metapher sind schon immer eine enge Verbindung eingegangen, für die expressionistische Lyrik gilt dies in besonderer Weise. Ein wesentliches Stilmerkmal ist ihre Bildhaftigkeit. Durch die Metapher errangen die Expressionisten in hohem Maße die ersehnte neue Freiheit des künstlerischen Ausdrucks. Die Metapher gilt nicht mehr als bloßes Schmuckmittel, sondern sie wird zu einer notwendigen, ganz durch das subjektive Erleben und die schöpferische Phantasie bestimmte Form der dichterischen Aussage. Der wichtigste Unterschied zum traditionellen Metapherngebrauch ist, daß die expressionistische Metapher nicht mehr dingbezogen, sondern ichbezogen ist, d. h. das Bild gewinnt in den meisten Fällen einen Eigenwert, der sich von der Außenwelt ablöst und nicht mehr bloß der Veranschaulichung einer objektiven Wirklichkeit dient. Die Zuordnung zwischen Bild und Sache ist nicht mehr durch eine objektive Ähnlichkeit zwischen Bild und Sache bedingt, sondern durch die Gefühlsbeziehung des Dichters zum Gegenstand. Visionäres und visuelles Erleben durchdringen sich, und es wird „die reale Anschauungssphäre in einen inneren Erlebnisraum verwandelt“[34]. So kann der Abstand zwischen Bild und Sache sehr groß sein. Da die logischen Beziehungen zwischen Sache und Vergleichsgegenstand unwesentlich geworden sind, erhält das Tertium comparationis selbständigen Wert und wird zum wichtigsten Glied in der Metapher. Durch die Metapher kann dynamisiert, beseelt, personifiziert, dämonisiert, peiorisiert oder etwas zynisch abgetan werden.
Die Subjektivierung der Metapher, ihre Bindung an das subjektive Erlebnis bringt jedoch häufig die Schwierigkeit mit sich, die Metapher zu verstehen, da sie eigentlich fordert, daß das die Metapher hervorgeru-

fene individuelle Erlebnis nachvollzogen wird, da sich Sache und Vergleichsgegenstand nicht mehr auf eine objektive Ähnlichkeit gründen. So kann es kommen, daß sich die Metapher bis hin zur Chiffre steigert. Die Chiffre ist dabei das Zeichen für eine vom Autor zutiefst empfundene Sprachnot, die ihn von alltagssprachlichen Formulierungen, die ihm abgenutzt und abgegriffen zu sein scheinen, zugunsten einer Verrätselung des zu Sagenden abweichen läßt, das sich bewußt planem Verständnis verschließen soll. Der Dichter verfremdet die Sprache und sprachliche Bilder, reißt sie aus dem gewohnten Zusammenhang, läßt sie in ungewohnten Kontexten und Kombinationen erscheinen, um so das ganz Andere seines Erlebens oder seiner Wirklichkeitswahrnehmung vernehmbar zu machen.
Häufig bildet gleich ein ganzes Gedicht ein Geflecht solcher Chiffren, die untereinander in einem Assoziationszusammenhang stehen, gegenseitig aufeinander verweisen oder über den einzelnen Gedichttext hinaus sogar auf ein ganzes lyrisches Oeuvre Bezug nehmen, so daß sie sich erst in diesem größeren Zusammenhang erhellen, was z. B. bei Trakl der Fall ist. Für das einzelne Gedicht bleibt damit die Schwierigkeit gegeben, es in eine eindeutige Lesart zu bringen. Eine Deutung kann mithin nur in aller Vagheit formuliert werden. Als Beispiel für ein für den Expressionismus zum Teil typisches chiffriertes Sprechen mag hier Trakls Gedicht ‚De profundis' stehen:

Georg Trakl: De profundis

Es ist ein Stoppelfeld, in das ein schwarzer Regen fällt.
Es ist ein brauner Baum, der einsam dasteht.
Es ist ein Zischelwind, der leere Hütten umkreist.
Wie traurig dieser Abend.

Am Weiler vorbei
Sammelt die sanfte Waise noch spärliche Ähren ein.
Ihre Augen weiden rund und goldig in der Dämmerung
Und ihr Schoß harrt des himmlischen Bräutigams.

Bei der Heimkehr
Fanden die Hirten den süßen Leib
Verwest im Dornenbusch.

Ein Schatten bin ich ferne finsteren Dörfern.
Gottes Schweigen
Trank ich aus dem Brunnen des Hains.

Auf meine Stirne tritt kaltes Metall
Spinnen suchen mein Herz.
Es ist ein Licht, das in meinem Mund erlöscht.

Nachts fand ich mich auf einer Heide,
Starrend von Unrat und Staub der Sterne.
Im Haselgebüsch
Klangen wieder kristallne Engel.[35)]

Walter Killy, einer der besten Kenner des Traklschen Werkes, sagt über diese Zeilen folgendes:

„Das Gedicht ist aus Not geschrieben. Es stellt Bilder vor, deren Beziehung zueinander negativ ist. Jedes steht ganz für sich, keine romantische Grenzenlosigkeit erlöst es aus der Vereinzelung. Es ist ein Baum, der steht einsam. Es ist ein Stoppelfeld. Es ist ein Zischelwind; der geht um die leere Hütte (ein Haus, in dem keiner wohnt, ist ohne Sinn). Nichts gehört zusammen, alles besteht im Auseinanderfallen: *Wie traurig dieser Abend.* Eine unschuldige, verlassene Gestalt war in dieser Landschaft, die sanfte Waise, ein süßes Wesen, welches Hoffnung hegte. Es konnte nicht bestehen und verweste. Der Mensch spricht, *dem die Welt entzweibricht.* Er ist nicht mehr er selbst, sondern nur noch ein Schatten. Er ist den Wohnungen der Menschen fern, und selbst diese Wohnungen sind verfinstert. Die Verlassenheit ist vollkommen, Gottes Schweigen ist Teil dieses Daseins geworden. Der Gott Trakls ist nicht nur deus absconditus, sondern incredibilis deus absconditus, ein doppelt verborgener, doppelt schweigender Gott. Aber dennoch weiß der Dichter von dem Dasein dieses ungeglaubten Verborgenen, so wie er vom Glanze der Dinge weiß, die verfallen. Zur Verlassenheit kommt Schlimmeres. *Auf meine Stirn tritt kaltes Metall.* Diese Chiffre deutet auf den Menschen, der sich verlor: *O des Menschen verweste Gestalt: gefügt aus kalten Metallen.* Es ist der gleiche Mensch, dessen *metallenes Herz* von *Gottes Geiern* zerfleischt wird. Er ist sich selbst zum Ekel, Spinnen suchen sein Herz. Er findet sich in der Nacht, ganz allein, *starrend von Unrat und Staub der Sterne,* und selbst die Stimmen der Engel sind nur noch scheinbar tröstlich, wenn auch an ihrem Namen der ganze Sturz des Menschen deutlich wird. Gar zu oft sind Trakls Engel gefallene Engel, sie weinen *die kristallnen Tränen verdammter Engel* angesichts dieses Menschen. Aber wir wissen es nicht; auch das Wort *kristallen* ist von vollkommener Ambivalenz.

Zu der negativen Theologie, der Grundlage der ganzen Traklschen Theologie, kommt ein negativer Logos überhaupt: nur Verfall und Nebeneinander sind mit Gewißheit auszusagen. Wenn von ‚Wirklichkeit' die Rede ist, so geschieht das beim späteren Trakl vorwiegend in der Negation. Das *De profundis* ist unzweifelhaft. Unzweifelhaft ist aber auch die von der Welt abgelöste Welt der Chiffren und Klänge, sie steht unter ihren eigenen Bedingungen, leiht sich das Leben von den alten Worten und spielt ein neues Spiel damit. Es klingt traurig, aber es ist schön. Es will nicht einmal mehr Chiffre für das Geheimnis sein, es chiffriert auch keine Nichtigkeit. Es will nur sich selber, es will sprechen können, wenn die Sprache sich entzieht, der Mensch in der Welt fremd ist, und die Dinge zerbrechen."[36)]

Die Interpretation von Killy macht deutlich, wie man Chiffren wie die des ‚kalten Metalls' oder der ‚kristallnen Engel' annäherungsweise in ihrer Bedeutung auflösen kann, indem nämlich jeweils auf ähnlich lautende Stellen in anderen Gedichten zurückgegriffen wird. So kann sich der Sinn solcher Stellen zumindest vage erschließen, aber selbst ein solches Interpretationsverfahren bleibt umstritten, weil ein Blick auf die Handschrift Trakls zeigt, daß er bei der Überarbeitung der Gedichte die Bilder und damit die metaphorischen Zuordnungen oft ändert, ja sogar durch gegensätzliche ersetzt, so daß damit der ganze Zusammenhang und das Benachbarte eine Änderung der Bedeutung oder der Stimmungsnuance erfahren.

8. Formerneuerung und neuer Inhalt

In den vorausgegangenen Abschnitten sind literatursprachliche Verfahrensweisen benannt worden, die zum einen charakteristisch sind für die expressionistische Lyrik und zum anderen deren Wegbereiter-

funktion für die moderne deutschsprachige Lyrik des 20. Jahrhunderts mitbegründet haben. Zeilenstil, Dynamisierung, Metaphorisierung, Chiffrierung und auch die Pathetisierung der Lyrik des messianischen Expressionismus haben dabei, wie sich gezeigt hat, identische Ursachen. Sie entstanden aus der Sprachnot der Autoren, nachdem sich traditionelle Muster lyrischen Sprechens als untauglich erwiesen hatten, und sie entstanden aus dem Problem, neue Wahrnehmungen, neue Ausdrucks- und Wirkungsabsichten wie neue Themenbereiche der Lyrik zu erschließen, für die erst eine ‚neue Sprache' gefunden werden mußte.
Die expressionistischen Lyriker experimentieren also mit lyrischen Formen und lyrischer Sprache, und es ist Bertolt Brecht, der dies erkannt hat, wenn er mit einer eigenen Stellungnahme in den Expressionismusstreit eintrat. Er versuchte, den Expressionismus vor dem Vorwurf des puren Formalismus und dem Mangel an Realismus in Schutz zu nehmen, indem er sagte:

> „Da ist ein Wirrwarr in der Debatte, den Formalismus betreffend. Der eine sagt: Ihr ändert nur die Form, nicht den Inhalt. Die anderen haben das Gefühl: Du gibst den Inhalt erst recht der Form preis: nämlich der konventionellen. Vielen leuchtet nämlich eines noch nicht ein: Gegenüber den immer neuen Anforderungen der sich immer ändernden sozialen Umwelt die alten konventionellen Formen festhalten ist auch Formalismus. Können wir wirklich gegen das Experiment Stellung nehmen, wir, die Umstürzler? [. . .] Wir werden [. . .] nicht so sehr darauf aus sein, die Zahl und Art dieser Methoden [vermittels getreuer Abbildungen der Wirklichkeit die Wirklichkeit zu beeinflussen] einzuschränken, als vielmehr darauf, sie zu erweitern. Wir werden so die Erfindung ermuntern, statt sie zu entmutigen. Wir werden auf die Wahrheit einen Preis setzen und jede Ellenbogenfreiheit gewähren, dazu zu gelangen."[37]

III. Untergang und Aufbruch

In den folgenden Kapiteln seien einige thematische Schwerpunkte expressionistischer Lyrik vorgestellt: Jakob van Hoddis' Gedicht ‚Weltende' hatte – wie aufgewiesen – Signalwirkung. Karrikierte van Hoddis in seinem Gedicht auch nur die hysterische Weltuntergangsstimmung des ihm zeitgenössischen, philisterhaften Kleinbürgertums, thematisierte er doch mit einem möglichen, bevorstehenden Weltende etwas, was dem Zeitgefühl vieler entsprach. Die junge Generation verstand sich am Ende eines erstarrten Zeitalters, bar jeder humanen Legitimation. Ihre Lyrik war darum zum Teil die visionäre Schau einer Apokalypse, die über ihre Zeit, die dazu herangereift war, hereinbrechen sollte. Im Gedicht verkündeten sie in großen, das Groteske streifenden Bildern den Untergang einer Welt, die sie zur Monotonie und Wesenlosigkeit verurteilte und deren zivilisatorischer Fortschritt nur noch mehr in die Entfremdung führte.

Dem Lyriker wird damit die Rolle des Propheten, Mahners, Warners und Deuters von ‚Zeit'zeichen zugeschrieben, der zum einen verdammt, was ihn umgibt, der aber zum andern eine neue Welt nach dem Untergang der alten beschwört. Aus der Erfahrung, an einer Epochenschwelle zu stehen, ergibt sich die messianische Erwartung eines ‚neuen Menschen' in einer ‚neuen Zeit'. Diesen neuen Menschen zu beschwören gibt manchen expressionistischen Gedichten den hohen pathetischen Ton, den prophetischen Verkündigungston vor dem Hintergrund eines vagen Gemeinschaftsgefühls. Die im Gedicht geforderte Menschheitsversöhnung nach der Menschheitserlösung, sobald der ‚alte Adam' abgestorben ist, basiert auf einer ethischen Einkehr und Umkehr, deren Voraussetzung aber der herbeigesehnte Weltuntergang als das ausstehende Weltgericht ist.

Untergang des Alten und Aufbruch zu Neuem sind demnach zwei Pole, innerhalb derer sich die expressionistische Lyrik bewegt. Der Titel der Pinthus'schen Lyrikanthologie spielt auf diese Zweipoligkeit an: ‚Menschheitsdämmerung'. Die Gedichte wollten – wie Pinthus konstatiert – sich als „Barometer seelischer Zustände, der Bewegung und Bewegtheit der Menschheit"[38] bewähren, die Hoffnung auf den Menschen und den Glauben an die Utopie bezeugen und den Blick von der

Untergangsdämmerung hinweg zum Glühen vermeintlicher Morgendämmerung lenken.

1. Weltuntergang

Hoddis ,Weltende' entstand unter dem Eindruck des Halleyschen Kometen. Auch in der ersten Strophe von Heyms Gedicht ,Umbra vitae' wird auf die drohenden Kometen ,mit den Feuernasen' angespielt, aber der Ton dieses Gedichts ist doch ganz anders. Heym reiht Bildkomplex an Bildkomplex. Sie stehen mehr oder weniger unverbunden nebeneinander, aber in ihrer Dunkelheit und Bedrohlichkeit formen sie ein apokalyptisches Bild, in dem sich Mensch und Natur auf Erstarrung, Zerfall und endgültigen Tod hinbewegen.

Georg Heym: Umbra vitae

Die Menschen stehen vorwärts in den Straßen
Und sehen auf die großen Himmelszeichen,
Wo die Kometen mit den Feuernasen
Um die gezackten Türme drohend schleichen.

Und alle Dächer sind voll Sternedeuter,
Die in den Himmel stecken große Röhren.
Und Zaubrer, wachsend aus den Bodenlöchern,
In Dunkel schräg, die einen Stern beschwören.

Krankheit und Mißwachs durch die Tore kriechen
In schwarzen Tüchern. Und die Betten tragen
Das Wälzen und das Jammern vieler Siechen.
Und welche rennen mit den Totenschragen.

Selbstmörder gehen nachts in großen Horden.
Die suchen vor sich ihr verlornes Wesen,
Gebückt in Süd und West, und Ost und Norden,
Den Staub zerfegend mit den Armen-Besen.

Sie sind wie Staub, der hält noch eine Weile,
Die Haare fallen schon auf ihren Wegen.
Sie springen, daß sie sterben, nun in Eile,
Und sind mit totem Haupt im Feld gelegen.

Noch manchmal zappelnd. Und der Felder Tiere
Stehn um sie blind, und stoßen mit dem Horne
In ihren Bauch. Sie strecken alle viere
Begraben unter Salbei und dem Dorne.

Die Meere aber stocken. In den Wogen
Die Schiffe hängen modernd und verdrossen.
Zerstreut, und keine Strömung wird gezogen
Und aller Himmel Höfe sind verschlossen.

Die Bäume wechseln nicht die Zeiten
Und bleiben ewig tot in ihrem Ende
Und über die verfallnen Wege spreiten
Sie hölzern ihre langen Finger-Hände.

Wer stirbt, der setzt sich auf, sich zu erheben,
Und eben hat er noch ein Wort gesprochen.
Auf einmal ist er fort. Wo ist sein Leben?
Und seine Augen sind wie Glas zerbrochen.

Schatten sind viele. Trübe und verborgen.
Und Träume, die an stummen Türen schleifen,
Und der erwacht, bedrückt von andern Morgen,
Muß schweren Schlaf von grauen Lidern streifen.[39)]

Zunächst erscheinen die Kometen als Himmelszeichen, von den Menschen, die sich ihnen ausgeliefert fühlen, begafft. Sterndeuter können nicht helfen, auch die Zauberer können mit ihren Beschwörungen das Unheil nicht abwehren. Die Pest grassiert (3. Strophe), und der Leser fühlt sich an mittelalterliche Vorstellungen des Weltuntergangs erinnert, nach der auch die Pest eins der die Endzeit ankündigenden Zeichen war. Der nächste Strophenkomplex spricht von den in Horden auftretenden, ihr verlornes Wesen suchenden Selbstmördern. Menschliches Leben zerfällt ‚wie Staub' und geht dann in die Natur ein (s. 6. Strophe). Schließlich entzieht sich auch alles Leben der Natur selbst. Die Meere stocken, in ihren Wogen bleiben die Schiffe hängen, finden nicht mehr den sie bergenden Port. Die Bäume sind zeitlos geworden, ‚bleiben ewig tot in ihrem Ende'. Die beiden letzten Strophen haben summierenden Charakter. ‚Schatten sind viele.', heißt es zu Beginn der allerletzten Strophe, damit an die Überschrift anschließend,

die ‚Schatten, Finsternis, Dunkelheit des Lebens' bedeutet. Das Leben ist wesenlos, wie ein Schatten oder ein hoffnungsloser, vergeblicher Traum. Sterben und Erwachen gehen ineinander über, bilden keinen schroffen Gegensatz, denn wer ‚erwacht, bedrückt von andern Morgen, / muß schweren Schlaf von grauen Lidern streifen'. Am Ende des Gedichtes steht keine Hoffnung auf einen neuen Tag, der aus dem todesähnlichen Schlaf reißt, sondern das Erwachen ist nur Störung eines als Todesschlaf empfundenen Lebens.
Was Heym beschreibt, ist die Erstarrung des Lebens, eine müde monoton und leblos gewordene Existenzform. Den Ton der Monotonie, des sich Einlassens auf einen schleppenden kriechenden Gang, erzeugt er durch die penetrant unabgewandelte Form der vierzeiligen Strophen, die, im Kreuzreim gereimt, den meist fünffüßigen Jambus ohne jede Veränderung verwenden. Hinzu kommt eine merklich gewollte Primitivität des Stils, die bewußt jede künstlerische Anstrengung der Aussage vermissen läßt. Die Satzverknüpfungen sind einfach gehalten: Und-Verbindungen, Relativsätze, nur drei Partizipialkonstruktionen. Satzende und Zeilenende fallen meist zusammen. Die Metaphern klingen unbeholfen, so daß sich der Eindruck einer gewaltigen Monotonie der Form verstärkt, die Endzeitstimmung einfängt.

2. Krieg als Purgatorium

Die Annahme, in einer apokalyptischen Zeit zu stehen, verbindet sich für die Expressionisten häufig mit der Vorstellung und Hoffnung, daß ein kommender Krieg all dem ein Ende setzen würde, was zu einer maroden, in sich verfaulten Gesellschaft gehört. Sie sehnen einen Krieg herbei, der sie aus der Langeweile, der Belanglosigkeit, der Erstarrung der Gesellschaft und den nicht mehr zu überwindenden gesellschaftlichen Widersprüchen erlöst, indem er das Alte vernichtet, um so der herbeigewünschten, grundlegenden Erneuerung Platz zu machen. Es ist aus dieser Geisteshaltung heraus selbstverständlich, daß sich in der Lyrik auffallend häufig die Metapher des Krieges findet, um mit ihr den Wunsch nach Bereinigung des Alten und Aufbau einer neuen Welt auszudrücken. Es ist darum auch selbstverständlich, daß viele expressionistische Schriftsteller mit ‚Hurrah' in den 1914 ausbrechenden Krieg zogen, aber schon nach kurzer Zeit durch die Konfrontation mit der Kriegsrealität eines Besseren belehrt wurden und, zum Pazifisten gewandelt, aus dem Krieg kamen, wenn sie nicht gefallen waren. Heym, der selbst den Ausbruch des 1. Weltkrieges nicht mehr miterlebte, bedient sich des Krieges als einer Metapher für ein herbeigesehntes Purgatorium, das über einer erstarrten Welt hereinbrechen möge.

Georg Heym: Der Krieg

Aufgestanden ist er, welcher lange schlief,
Aufgestanden unten aus Gewölben tief.
In der Dämmrung steht er, groß und unerkannt,
Und den Mond zerdrückt er in der schwarzen Hand.

In den Abendlärm der Städte fällt es weit,
Frost und Schatten einer fremden Dunkelheit,
Und der Märkte runder Wirbel stockt zu Eis.
Es wird still. Sie sehn sich um. Und keiner weiß.

In den Gassen faßt es ihre Schulter leicht.
Eine Frage. Keine Antwort. Ein Gesicht erbleicht.
In der Ferne wimmert ein Geläute dünn
Und die Bärte zittern um ihr spitzes Kinn.

Auf den Bergen hebt er schon zu tanzen an
Und er schreit: Ihr Krieger alle, auf und an.
Und es schallet, wenn das schwarze Haupt er schwenkt,
Drum von tausend Schädeln laute Ketten hängt.

Einem Turm gleich tritt er aus die letzte Glut,
Wo der Tag flieht, sind die Ströme schon voll Blut.
Zahllos sind die Leichen schon im Schilf gestreckt,
Von des Todes starken Vögeln weiß bedeckt.

Über runder Mauern blauem Flammenschwall
Steht er, über schwarzer Gassen Waffenschall.
Über Toren, wo die Wächter liegen quer,
Über Brücken, die von Bergen Toter schwer.

In die Nacht er jagt das Feuer querfeldein
Einen roten Hund mit wilder Mäuler Schrein.

Aus dem Dunkel springt der Nächte schwarze Welt,
Von Vulkanen furchtbar ist ihr Rand erhellt.

Und mit tausend roten Zipfelmützen weit
Sind die finstren Ebnen flackend überstreut,
Und was unten auf den Straßen wimmelt hin und her,
Fegt er in die Feuerhaufen, daß die Flamme brenne mehr.

Und die Flammen fressen brennend Wald um Wald,
Gelbe Fledermäuse zackig in das Laub gekrallt.
Seine Stange haut er wie ein Köhlerknecht
In die Bäume, daß das Feuer brause recht.

Eine große Stadt versank in gelbem Rauch,
Warf sich lautlos in des Abgrunds Bauch.
Aber riesig über glühnden Trümmern steht
Der in wilde Himmel dreimal seine Fackel dreht.

Über sturmzerfetzter Wolken Widerschein,
In des toten Dunkels kalte Wüstenein,
Daß er mit dem Brande weit die Nacht verdorr,
Pech und Feuer träufet unten auf Gomorrh.[40]

Dieses berühmte Gedicht ist keine ins Groteske verzerrte Schau eines künftigen Weltkrieges, den ein Dichter bereits Jahre zuvor seismographisch verzeichnete, wie viele Interpreten meinten. Zwar reflektiert das Gedicht die in Deutschland 1911 herrschende Kriegsangst in der Marokko-Krise, aber vorwiegend personifiziert und dämonisiert es in der Gestalt des Krieges die Hoffnung einer jungen Generation, über eine als marode und verderbt geglaubte Gesellschaft möge als Purgatorium der Kriegsgott hinwegrasen und sie in Schutt und Asche legen, um so neuem Leben den Platz zu bereiten.
Heym verwendet für sein Gedicht den sechsfüßigen Trochäus, wodurch dem ganzen Gedicht ein überaus schwerfälliger, stampfender Rhythmus gegeben wird, der leicht mit dem von dem riesigen Kriegsgott begonnenen Kriegstanz auf den Bergen assoziiert werden kann. Dadurch, daß Heym die Zeilen überdies immer männlich enden läßt, so daß die Endhebung der vorausgegangenen und die Anfangshebung der nächstfolgenden Zeile direkt aufeinanderstoßen, und dadurch,

daß er überdies die bei fast durchgehaltenem Zeilenstil meist tiefen Reimvokale sich im Paarreim direkt aufeinander reimen läßt, vermehrt er den Eindruck der Schwere und Mächtigkeit. Gleich den Anfang beschwert Heym, indem er anaphorisch das Wort ‚aufgestanden' wiederholt und durch Inversion diesem Wort einen besonderen Akzent verleiht. Er verlegt das Geschehen in die für die Endzeiterfahrung so charakteristische Zeit der Abenddämmerung. Zu dieser Zeit steigt der zum Gott personifizierte Krieg aus tiefen Gewölben auf. Von ihm geht etwas Unheimliches und Bedrohliches aus, weil Heym ihn schon zu Beginn des Gedichts nur mit dem Personalpronomen einführt, das der Leser allenfalls durch eigene Kombination mit der Überschrift als dem zuständigen Nomen in Verbindung bringen kann. Unheimlich ist er auch, weil er immer anwesend war, wenn er auch geschlafen hat. Wer oder was ihn geweckt hat, bleibt im Unklaren, was auch zu der Unheimlichkeit beiträgt, die sich offensichtlich unbemerkt unter dem Gewöhnlichen und Geordneten als stets lauerndes Chaos und virulent anwesende Gefahr eingenistet hat. Hat sich der Gott einmal erhoben, nimmt er unvorstellbare Dimensionen an. Groß und unerkannt steht er in der Dämmerung da, seine schwarze Hand reicht bis an den Mond, den er in seiner Hand erdrückt. Dieses enthemmte, durch die erste Strophe wenig konturierte ‚Es' fällt in die Welt der Zivilisation ein (‚In den Abendlärm der Städte fällt es weit'). Angst und Schrecken gehen von ihm aus. Die Menschen wissen ihm nichts entgegenzuhalten. Todesstarre herrscht, Totenstille breitet sich aus. Heym fängt diese Situation der Ratlosigkeit durch die vielen Zäsuren innerhalb der Zeilen ein. Die Gegenreaktionen sind nicht ernstzunehmen (s. das dünne Gewimmer des Geläutes und das Zittern der Bärte). Gegen diese kläglichen Laute setzen sich das übermächtige Schreien des Kriegsgottes, der von den Bergen seine Krieger befehligt, und das Schallen seiner aus Schädeln als Schmuck gebildeten Kette, die er um den Hals trägt. Ein grandioses Bild des Todes entwerfen die folgenden Strophen (Strophe 5ff.). Ströme voll Blut ergießen sich, Leichen liegen im Schilf, Feuer erhellt die inzwischen eingetretene Nacht. Andere Farben mischen sich zwischen die Hell-Dunkelwerte des Feuers in der Nacht. Rot ist das Blut, weiße Vögel, Gestalten des Todes, bedecken die Leichen, blau ist der Flammenschwall, dann wieder wird das querfeldein gejagte Feuer mit einem roten Hund verglichen. Schließlich ist die Rede von gelben Fledermäusen, die zackig in das Laub gekrallt sind. All dem sind die Menschen hilflos ausgeliefert. Sie sind zum reinen Objekt einer übermächtigen Kraft geworden, die sie achtlos in das Feuermeer fegt. Es scheint, als stünde die Natur mit dem turmhaften Köhlerknecht, mit dem der Krieg verglichen wird, im Bunde. Auch sie hat sich aus jeder Domestikation losgesagt und wütet gegen alles Menschliche. Mit der zweitletzten Strophe ändert sich die Zeit (Imperfekt: ‚versank' statt des bislang vorwaltenden Präsens). Man muß also eine Zäsur zwischen diesen beiden Strophen und den vorangegangenen setzen. Die Stadt, Zeichen der Zivilisation, ist gänzlich vernichtet, sie ‚warf sich in des Abgrunds Bauch'. Über allem erhebt sich nochmals wie ein gewaltiger Gott der Krieg, triumphierend dreimal seine Fackel in den wilden Himmel drehend, so daß Pech und Feuer auf die Wüsteneien des einstmaligen Gomorrh fallen. Mit der Nennung des Namens Gomorrh wird auf die Bibel angespielt. Es ist jene Stadt, die Gott richtete, weil sie sich gegen ihn versündigt hatte. Entsprechend läßt Heym über die Zivilisation seinen schwarzen, wilden, unzivilisierten Kriegsgott wüten, Heym warnt nicht vor der Zerstörung, die ein moderner Krieg mit sich bringt. So gelesen, wäre das Gedicht mißverstanden. Er beschwört vielmehr das Bild eines Gottes, der eine Welt, die sich versündigt hat, in den Untergang schickt. Erinnert sei nochmals an Heyms bereits oben zitierten Tagebucheintrag, in dem er von dem ‚so faulen, öligen und wie eine Leimpolitur auf alten Möbeln schmierigen Frieden' spricht, dem er als Wunsch einen Krieg entgegensetzt. Ob dieser gerecht oder ungerecht ist, interessiert ihn dabei nicht. Hauptsache ist ihm, daß einmal wieder etwas geschehe.

3. Krieg als Aufbruchsmetapher

Die Zeit des Expressionismus fällt mit entscheidenden Jahren in den Ersten Weltkrieg, und es ist bekannt, daß viele Expressionisten begeistert in den Krieg zogen, viele dort schon während der ersten Monate im Kampf fielen (so Stadler, Lotz, Lichtenstein, Stramm, Trakl beging nach der Schlacht von Grodek Selbstmord), manche aus dem Krieg als Pazifisten kamen, einige sogar danach an der Novemberrevolution aktiv teilnahmen. Die Interpretation von Heyms Gedicht ‚Der Krieg' hat jedoch gezeigt, daß man aus dieser engen Verbindung zwischen den

Expressionisten und dem Ersten Weltkrieg nicht ableiten darf, daß bereits die Frühexpressionisten den kommenden Krieg visionär geschaut, ihn herbeigeredet oder vor ihm gewarnt hätten. Der Krieg ist zunächst vor allem für die Frühexpressionisten eine Metapher, die Veränderung bzw. Aufbruch zu Neuem meint.
In Stadlers Gedicht ‚Aufbruch' ist der Kriegstaumel, zu dem sich das Ich hingezogen fühlt, folglich kein konkretisierbares Kriegsgeschehen, sondern das ungeduldig vom Herzen ersehnte Ereignis, wo man ‚an Welt und Sonne sich satt und glühend trinken' kann.

Ernst Stadler: Der Aufbruch

Einmal schon haben Fanfaren
mein ungeduldiges Herz blutig gerissen,
Daß es, aufsteigend wie ein Pferd,
sich wütend ins Gezäum verbissen.
Damals schlug Tambourmarsch
den Sturm auf allen Wegen.
Und herrlichste Musik der Erde
hieß uns Kugelregen.
Dann, plötzlich, stand Leben stille.
Wege führten zwischen alten Bäumen.
Gemächer lockten.
Es war süß, zu weilen und sich zu versäumen,
Von Wirklichkeit den Leib
so wie von staubiger Rüstung zu entketten,
Wollüstig sich in Daunen
weicher Traumstunden einzubetten.
Aber eines Morgens
rollte durch Nebelluft das Echo von Signalen,
Hart, scharf, wie Schwerthieb pfeifend. Es war
wie wenn im Dunkel plötzlich Lichter aufstrahlen.
Es war wie wenn durch Biwakfrühe
Trompetenstöße klirren,
Die Schlafenden aufspringen und die Zelte abschlagen
und die Pferde schirren.
Ich war in Reihen eingeschient,

die in den Morgen stießen, Feuer über Helm und Bügel,
Vorwärts, in Blick und Blut die Schlacht,
mit vorgehaltnem Zügel.
Vielleicht würden uns
am Abend Siegesmärsche umstreichen.
Vielleicht lägen wir irgendwo ausgestreckt
unter Leichen.
Aber vor dem Erraffen
und vor dem Versinken
Würden unsre Augen sich an Welt und Sonne satt
und glühend trinken.[41)]

Wer auch in das Gedicht – wie es häufiger geschehen ist – eine seherische Vorwegnahme des Krieges hineinlesen will, muß bereits die ersten Zeilen überlesen. Dort heißt es: „Einmal schon haben Fanfaren mein ungeduldiges Herz blutig gerissen, / Daß es, aufsteigend wie ein Pferd, sich wütend ins Gezäum verbissen." Die ersten vier Zeilen müssen auf die dichterischen Anfänge Stadlers im Stürmer-Kreis bezogen werden, der zweite Abschnitt des Gedichts, vom plötzlich stillstehenden Leben, vom Ablegen der Rüstung und weichen Traumstunden sprechend, läßt sich auf seine zweite dichterische Entwicklungsphase beziehen, in der er – wie schon aus dem Gedicht ‚Form ist Wollust' bekannt – sich der neuromantischen, symbolistischen Dichtung Georges zuwendet. Die dritte ‚kriegerische' Phase meint dann jenen geistigen Neuaufbruch zu einer lebenserfüllteren, das Erlebnis intensivierenderen Dichtung, in der es weder um ‚Sieg' noch um ‚Niederlage', sondern um intensivstes Erleben geht, denn, im Bild des Krieges bleibend, ist es gleichgültig, ob man am Abend gesiegt hat oder ‚ausgestreckt unter Leichen' liegt, entscheidend ist, daß „vor dem Erraffen und vor dem Versinken unsre Augen sich an Welt und Sonne satt und glühend trinken".
Während Stadler in seinem Gedicht im wesentlichen die eigene Dichterbiographie reflektiert – auch wenn er davon spricht, daß er ‚in Reihen eingeschient' sei –, beschreibt Lotz in seinem Text ‚Aufbruch der Jugend' zwar eine gleichgeartete Ausgangsbasis (s. erste Strophe), verallgemeinert aber diese Erfahrung und die daraus gezogene Konsequenz, so daß an die Stelle des von Stadler vorwiegend noch ge-

brauchten lyrischen Ich bei Lotz ein ‚Wir' treten kann.

Ernst Wilhelm Lotz: Aufbruch der Jugend

Die flammenden Gärten des Sommers, Winde, tief und voll Samen,
Wolken, dunkel gebogen, und Häuser, zerschnitten vom Licht.
Müdigkeiten, die aus verwüsteten Nächten über uns kamen,
Köstlich gepflegte, verwelkten wie Blumen, die man sich bricht.

Also zu neuen Tagen erstarkt, wir spannen die Arme,
Unbegreiflichen Lachens erschüttert, wie Kraft, die sich staut,
Wie Truppenkolonnen, unruhig nach Ruf der Alarme,
Wenn hoch und erwartet der Tag überm Osten blaut.

Grell wehen die Fahnen, wir haben uns heftig entschlossen,
Ein Stoß ging durch uns, Not schrie, wir rollen geschwellt,
Wie Sturmflut haben wir uns in die Straßen der Städte ergossen
Und spülen vorüber die Trümmer zerborstener Welt.

Wir fegen die Macht und stürzen die Throne der Alten,
Vermoderte Kronen bieten wir lachend zu Kauf,
Wir haben die Türen zu wimmernden Kasematten zerspalten
Und stoßen die Tore verruchter Gefängnisse auf.

Nun kommen die Scharen Verbannter, sie strammen die Rücken,
Wir pflanzen Waffen in ihre Hand, die sich fürchterlich krampft,
Von roten Tribünen lodert erzürntes Entzücken
Und türmt Barrikaden, von glühenden Rufen umdampft.

Beglänzt von Morgen, wir sind die verheißnen Erhellten,
Von jungen Messiaskronen das Haupthaar umzackt,
Aus unsern Stirnen springen leuchtende neue Welten,
Erfüllung und Künftiges, Tage, sturm-überflaggt![42)]

Was sich in diesem Gedicht artikuliert, ist die Aufbruchstimmung der Jugend. Dieser Aufbruch zu neuen Tagen, zu dessen Beschreibung sich Lotz wie Stadler des Bildfeldes ‚Krieg' bedient, erfolgt aus einer zwar schönen, aber in sich müden, nicht mehr länger lebensfähigen Welt, die überreif geworden ist und nunmehr verwelkt. Dieses in sich sehr schöne, spätsommerliche Naturbild, mit dem Lotz die erste Strophe füllt, muß der Leser als eine dem Verfall preisgegebene Welt begreifen, will er verstehen, warum die zweite Strophe mit einem ‚also' beginnt, denn die zweite Strophe ist Antithese zur ersten: an die Stelle der ‚verwüsteten Nächte' treten die ‚neuen Tage', die Müdigkeit schwindet, an ihre Stelle rücken Kraft, Spannung, Lachen, Stärke. Folgerichtig vergleicht Lotz die Situation der Jugend, die sich zum Aufbruch anschickt, mit ‚Truppenkolonnen', die erstarkt und angespannt im Morgengrauen ruhelos auf den Beginn der Schlacht warten. Welche Schlacht hier zu schlagen ist, erschießt sich in einem Aufruf Lotz', der nochmals deutlich seine Nähe zu Stadlers Position zeigt:

> „Noch hell von Morgen, stehen wir als die vordersten, kühnsten Gründer in der Zeit, mit Lachen und Kampf gegen zurückgebliebene und -geschrittene Ästheten, Neo-Katholiken, Georgianer, Kunstgewerbler und Bibliophilen – gegen die blutarmen Formalisten –, mit nachdrücklichem Achselzucken über unbegeisterte Impressionisten."[43)]

Lotz hat jedoch nicht nur die Rebellion gegen ein Ästhetentum vor Augen. Ab der dritten Strophe erweitert sich der Kreis der Aufruhrbewegung. An die Stelle des militärischen Bildbereiches rückt das Bild der ‚Sturmflut', die mit sich die ‚Trümmer einer zerborstenen Welt' reißt. Die Jugend widersetzt sich der Macht, fegt sie hinweg, stürzt die Throne der Alten. Sie verbündet sich mit denjenigen, denen die Integration in die Gesellschaft bislang verweigert wurde. Sie schließt sich zu einer Front mit den Gefangenen und Armen zusammen, stürmt mit ihnen ‚Barrikaden, von glühenden Rufen umdampft'. So ist der Aufbruch der Jugend nicht nur als die Eroberung literarischen Neulands gemeint, Lotz hat auch die Zerstörung vermoderter gesellschaftlicher Konventionen und Machtkonstellationen im Blick. Der Aufbruch ist auch als ein vornehmlich von der Jugend getragener Neuanfang gemeint, zu dem sich die Jugendlichen legitimiert fühlen, da sie sich selbst als die ‚verheißnen Erhellten', als der neue Messias verstehen, der sich auf den Weg macht, einen neuen Bund zu gründen, neue Welten zu schaffen. Die Jugend trägt nach Lotz die Erlösung in eine erlösungsbedürftige Welt, gibt der Welt die Erfüllung, deren sie bislang entbehrte.

4. Aufbruch zum Wesentlichen und zur Tat

In der Negation des Bestehenden sind sich die expressionistischen Lyriker folglich einig. Uneinigkeit herrscht allerdings darüber, in welche Richtung der Aufbruch zielen soll. Zwei Gedichte, eins von Stadler, eins von Becher, mögen dies noch verdeutlichen.

Ernst Stadler: Der Spruch

In einem alten Buche
stieß ich auf ein Wort,
Das traf mich wie ein Schlag
und brennt durch meine Tage fort:
Und wenn ich mich
an trübe Lust vergebe,
Schein, Lug und Spiel zu mir
anstatt des Wesens hebe,
Wenn ich gefällig mich
mit raschem Sinn belüge.
Als wäre Dunkles klar, als wenn nicht Leben
tausend wild verschlossne Tore trüge.
Und Worte wiederspreche,
deren Weite nie ich ausgefühlt,
Und Dinge fasse,
deren Sein mich niemals aufgewühlt.
Wenn mich willkommner Traum
mit Sammethänden streicht,
Und Tag und Wirklichkeit
von mir entweicht,
Der Welt entfremdet,
fremd dem tiefsten Ich.
Dann steht das Wort mir auf:
Mensch, werde wesentlich![44]

Die Begegnung mit einem alten Buch, gemeint ist der ‚Cherubinische Wandersmann‘ des Barockdichters Angelus Silesius, wird geschildert wie ein Erweckungs- oder Bekehrungserlebnis, das das lyrische Ich, hier durchaus gleichzusetzen mit Stadler als Lyriker, aus einer ‚sündi-

gen' Welt bzw. einem unerlösten Stadium in einen Zustand der Erlöstheit versetzt. Die Begegnung mit dem Spruch des Angelus Silesius trifft das lyrische Ich ‚wie ein Schlag'. Sie wirkt nachhaltig trotz ihrer Plötzlichkeit. Auch wenn sich das Ich immer wieder gefährdet sieht, bedarf es nur der Vergewisserung dieses lebensentscheidenden Erlebnisses, daß es sich nicht erneuter Verführung hingibt. Die Verfangenheit in reiner Formkunst, von Stadler in ‚Form ist Wollust' als egoistischer Rauschzustand bzw. Starre und Lebensabgewandtheit gedeutet, erhält in dem Gedicht ‚Der Spruch' die Merkmale der Unerlöstheit und Sündhaftigkeit. Gemeint ist damit ein Zustand des sich Vergebens an trübe Lust, Schein, Lug, Spiel, den Betrug durch raschen Sinn, an verlogene, unausgefüllte Werte, kurz: an ein Leben ohne existentielle Betroffenheit. Diesem träumerischen Zustand der Entfremdung vom Leben, d. h. der Welt und dem tiefsten Ich, setzt er hier den Zustand der Tageshelle und Klarheit, der Wirklichkeit oder des Lebens gegenüber, wobei in diesem Gedicht wie auch schon in ‚Form ist Wollust' oder ‚Der Aufbruch' dem Lebensbegiff eine zentrale, programmatische Stellung zugestanden wird. Der Mensch solle wesentlich werden, so lautet die Aufforderung des Silesius, die sich das lyrische Ich zueigen macht und nach der es sein eigenes Leben auszurichten versucht, indem es der Welt des Truges und des Scheins abschwört. Auf den Dichter übertragen heißt das, er solle statt der verlogenen, unausgefühlten Worte nur das ernste Wort wählen, was wohl heißen soll, eigenes Erleben in Worte fassen, so daß der Leser sich angesprochen und betroffen fühlen kann, wie es modellhaft Silesius gelungen ist.
Der Rückgriff auf den Barockdichter Silesius ist dabei in zweifacher Weise bezeichnend. Zum einen zeigt er, daß die expressionistischen Dichter sich barocker Dichtung zuwenden, weil sie sich dieser Form von Dichtung und ihrer Aussage wesensverwandt fühlen. Zum anderen ist jedoch auch die Abweichung, die Stadler bei dem Zitat aus dem ‚Cherubinischen Wandersmann' macht, aufschlußreich, denn ursprünglich heißt das Zitat in seiner Vollständigkeit:

Zufall und Wesen

Mensch werde wesentlich: denn wann die Welt vergeht,
So fällt der Zufall weg, das Wesen das besteht.

Für den Mystiker Silesius ist das Wesentlich-Werden das Abstreifen und die Entwertung der Welt, bzw. die Vereinigung mit Gott. Stadler nimmt dem Zitat jedoch diese theologische Bedeutung. Er verkehrt geradezu den Sinn des Epigramms. Was für Silesius Abkehr von der Welt ist, ist für ihn gerade die Zuwendung zur Realität, die Entgrenzung des Ich in die Welt, in das Leben hinein. Der Aufbruch in die Welt ist aber gleichzeitig die Wiedergewinnung des ‚tiefsten Ich'. Beides also, Welt- und Ich-Gewinn, bedeutet das ‚Wesentlichwerden' der Schlußzeile. Bedeutet für Stadler der Aufbruch, daß der Mensch sich und die Welt zurückgewinnt, zielt der Aufbruch nach J. R. Becher auf die Tat. Was diese Tat allerdings bewirken soll, bleibt weitgehend unbestimmt, ein charakteristischer Zug expressionistischer Lyrik, blickt man zurück auf alle bereits erwähnten Aufbruchs-Gedichte.

Johannes R. Becher: Vorbereitung

Der Dichter meidet strahlende Akkorde.
Er stößt durch Tuben, peitscht die Trommel schrill.
Er reißt das Volk auf mit gehackten Sätzen.

Ich lerne. Ich bereite vor. Ich übe mich.
Wie arbeite ich – hah leidenschaftlichst! –
Gegen mein noch unplastisches Gesicht –:
Falten spanne ich.
Die Neue Welt
(– eine solche: die alte, die mystische, die Welt der Qual austilgend –)
Zeichne ich, möglichst korrekt, darin ein.
Eine besonnte, eine äußerst gegliederte, eine geschliffene *Landschaft schwebt mir vor,*
Eine Insel glückseliger Menschheit.
Dazu bedarf es viel. (Das weiß er auch längst sehr wohl.)

O Trinität des Werks: Erlebnis Formulierung Tat.

Ich lerne. Bereite vor. Ich übe mich.

... bald werden sich die Sturzwellen meiner Sätze zu einer unerhörten Figur vefügen.
Reden. Manifeste. Parlament. Das sprühende politische Schauspiel. Der Experimentalroman.

Gesänge von Tribünen herab vorzutragen.

Menschheit! Freiheit! Liebe!

Der neue, der Heilige Staat
Sei gepredigt, dem Blut der Völker, Blut von ihrem Blut eingeimpft.
Restlos sei er gestaltet.
Paradies setzt ein.
– Laßt uns die Schlagwetter-Atmosphäre verbreiten! –
Lernt! Vorbereitet! Übt euch![45)]

Becher spricht sehr allgemein von der neuen Welt, die er in sein ‚Gesicht' (im Sinne wohl von Vision) einzeichnet, betont auch, daß diese Zeichnung ‚korrekt' sein solle. Welche Züge aber dieses Gesicht nun genauer trägt, bleibt in seinem Gedicht gänzlich offen, was hier besonders verblüfft, bedenkt man, daß Becher, der zunächst Medizin, Philosophie und Literatur studierte, 1918 Mitglied des Spartakusbundes wurde und 1919 der KPD beitrat. 1925 klagte man ihn des Hochverrats an, er wurde jedoch amnestiert, emigrierte gleich nach der Machtergreifung über die Tschechoslowakei und Frankreich nach Moskau, wo er von 1935 bis 1945 Chefredakteur der ‚Internationalen Literatur. Deutsche Blätter' war. Schließlich kehrte er 1945 nach Berlin zurück und war seit 1954 Minister für Kultur der DDR. Die biographischen Daten sprechen für einen klaren politischen Weg und deutliche politische Vorstellungen. Aber das Gedicht ‚Vorbereitung' verrät noch nichts davon.
Der Grund dafür, daß es zu den bekanntesten programmatischen Gedichten des Expressionismus gehört, muß wohl woanders gesucht werden. Die Bekanntheit rührt möglicherweise daher, daß es Becher gelungen ist, in der Form des Textes selbst die programmatischen Forderungen einzulösen, trifft er doch zu Beginn die Feststellung, der Dichter meide nunmehr strahlende Akkorde, stoße durch Tuben, peitsche die Trommel schrill und reiße das Volk mit abgehackten Sätzen auf. Diese Feststellung läßt sich auf die Form des Textes als dessen Charakterisierung selbst übertragen. Becher spricht hier in solchen abgehackten Sätzen. Indem Reim und festes Metrum abgelegt werden, lebt der Text ganz aus der ihm eigentümlichen Rhythmik, dem Wechsel zwischen kurzen und langen Sätzen, beschreibenden und

wie Selbstansprache wirkenden Teilen. Es finden sich Ballungen von Substantiven, Interjektionen, Auslassungen. So gewinnt das Gedicht an rhetorischer Kraft, und es ist nur konsequent, daß Becher an der Stelle von Gedichten dem Dichter Reden, Manifeste, sprühende politische Schauspiele und Gesänge, von Tribünen herab vorzutragen, abverlangt. Gegen eine Dichtung strahlender Akkorde setzt er eine zur Aktion hinreißende Lyrik, wie er gegen ‚die alte, die mystische, die Welt der Qual', eine neue Welt setzen will, die ‚Insel glückseliger Menschheit', oder wie es am Ende des Textes heißt: ‚das Paradies'. Schon in der geplanten Vorrede zu seiner Gedichtsammlung ‚An Europa' hatte er vom Dichter gefordert, ein „Menschheits-Monument vereinter europäischer Völker" aufzubauen. Der Dichter ist zum Organisator auf politischem Feld berufen.

> „Ein schlecht gemachtes Propaganda-Stück des Vereins zur Bekämpfung der Geschlechtskrankheiten zum Beispiel erscheint uns heute immerhin (... schroff ...) bei weitem gewichtiger als das zisilierteste gleitendste Rilke-Gebilde." Der Aufsatz gipfelt in der Behauptung: „Es kann heutzutage nur mehr eine Art geben zu schreiben: Politik."[46)]

Wie stark aber diese Auffassung politischer Tat sich noch mit ästhetischem und religiösem Denken verbindet, belegt aufs deutlichste Bechers Gedicht ‚Vorbereitung', wenn er hier vom ‚heiligen Staat', der ‚Trinität' von Erlebnis, Formulierung, Tat oder dem ‚Paradies' spricht und in eine Reihe mit dem Parlament das ‚politische Schauspiel' und den ‚Experimentalroman' stellt, worunter er wohl den Roman als soziales Experimentierfeld für utopische Konzepte künftigen humanen Zusammenlebens begreift. Daß bei der Nähe, die Religion, Politik und Ästhetik im Denken Bechers eingehen, es nicht verblüffen darf, daß in der Münchener Räterepublik an der Seite der Politiker auch viele Intellektuelle und Literaten saßen, wird durch die mangelnde Trennschärfe der Bereiche wenigstens nach dem Verständnis einiger Expressionisten, die sich um den Kreis Pfemferts scharten (Aktionismus), erklärbar.

IV. Großstadt und Natur als Metaphern seelischer Zustände

1. Die Stadt als Ort der Einsamkeit und Fremde

Es ist bekannt, daß die deutsche Großstadtlyrik, also jene Lyrik, die sich ausdrücklich des Themas Stadt annahm, in der Zeit des Expressionismus eine Blüte erlebte. Die Naturalisten hatten das Thema Stadt für die Lyrik entdeckt. An sie konnten sich die Expressionisten anschließen, aber trotz zahlloser scharfgesehener Details und einer ungeschminkten Wiedergabe der häßlichen Seiten der Großstadt lag den Expressionisten nicht an einer Kopie naturalistischer Großstadtlyrik. Ihnen kam es nicht auf Milieuschilderung, plane Widerspiegelung der Wirklichkeit an, sie vermischten vielmehr Daten großstädtischer Realität mit schweifender Phantasie, visionärer Schau, Lust am Grotesken oder Extravaganten. Die Beschränkung des Sachverhalts Stadt auf Motive wie Proletariat, Armut, Wohnelend und Fabrikarbeit lehnten die Expressionisten ab und erfaßten so bislang unbeachtete Dimensionen des Phänomens Stadt. Dazu gehört die Atmosphäre der Großstadt, die es zu entdecken und adäquat zu gestalten galt. Die Großstadt zerstört durch die Mannigfaltigkeit der Eindrücke, durch Hektik, Unübersichtlichkeit, Anonymität, Kälte und Gleichgültigkeit das Ich, sie tritt dem einzelnen wie ein Fremdes gegenüber, zerstört die Gemeinschaft, entfremdet also das Ich sich selbst, seiner Umwelt und seinem Nächsten. Das Gefühl eines in der Stadt haltlos gewordenen, einsamen Ichs vermitteln viele Gedichte, und sie übersetzen auch häufig die Empfindung der Entfremdung ins Bildhaft-Metaphorische, indem sie z. B. das Gefühl der Verlorenheit in der Stadt zum Visionär-Grotesken steigern.

Georg Simmel beschreibt die Wirkung der Stadt auf das Individuum bzw. die psychologische Grundlage großstädtischer Individualität in seinem Essay ‚Die Großstadt und das Geistesleben', aus dem im folgenden eine wichtige Passage zitiert sei:

> „Die psychologische Grundlage, auf der der Typus großstädtischer Individualitäten sich erhebt, ist die Steigerung des Nervenlebens, die aus dem raschen und ununterbrochenen Wechsel äußerer und

innerer Eindrücke hervorgeht. Der Mensch ist ein Unterschiedswesen, d. h. sein Bewußtsein wird durch den Unterschied des augenblicklichen Eindrucks gegen den vorhergehenden angeregt; beharrende Eindrücke, Geringfügigkeit ihrer Differenzen, gewohnte Regelmäßigkeit ihres Ablaufs und ihrer Gegensätze verbrauchen sozusagen weniger Bewußtsein, als die rasche Zusammendrängung wechselnder Bilder, der schroffe Abstand innerhalb dessen, was man mit einem Blick umfaßt, die Unerwartetheit sich aufdrängender Impressionen. Indem die Großstadt gerade diese psychologischen Bedingungen schafft – mit jedem Gang über die Straße, mit dem Tempo und den Mannigfaltigkeiten des wirtschaftlichen, beruflichen, gesellschaftlichen Lebens – stiftet sie schon in den sinnlichen Fundamenten des Seelenlebens, in dem Bewußtseinsquantum, das sie uns wegen unserer Organisation als Unterscheidungswesen abfordert, einen tiefen Gegensatz gegen die Kleinstadt und das Landleben, mit dem langsameren, gewohnteren, gleichmäßiger fließenden Rhythmus ihres sinnlich-geistigen Lebensbildes.“[47)]

Der ununterbrochene Wechsel äußerer und innerer Eindrücke bzw. die rasche Zusammendrängung wechselnder Bilder als Formen der Großstadtwahrnehmung finden in der Lyrik ihr Formäquivalent in dem schon häufiger genannten, typischen Reihungsstil, der auch Wahrgenommenes an Wahrgenommenes reiht. Eine solche Bilderreihe bildet Lichtensteins Stadtgedicht, das im Titel nur ‚Die Stadt‘ heißt.

Alfred Lichtenstein: Die Stadt

Ein weißer Vogel ist der große Himmel.
Hart unter ihn geduckt stiert eine Stadt.
Die Häuser sind halbtote alte Leute.

Griesgrämig glotzt ein dünner Droschkenschimmel.
Und Winde, magre Hunde, rennen matt.
An scharfen Ecken quietschen ihre Häute.

In einer Straße stöhnt ein Irrer: Du, ach, du –
Wenn ich dich endlich, o Geliebte, fände . . .
Ein Haufen um ihn staunt und grinst voll Spott.

Drei kleine Menschen spielen Blindekuh –
Auf alles legt die grauen Puderhände
Der Nachmittag, ein sanft verweinter Gott.[48)]

Die ersten beiden Zeilen und die letzten beiden Zeilen dieses Textes fangen die Stadt gleichsam in der Totalen ein, bilden eine Klammer um eine Bilderreihe, die unterschiedlichste, stark voneinander abweichende Impressionen festhält. Das Disparate wird zusammengehalten durch das Anfangsbild eines weißen Vogels (der Himmel), unter dem sich eine Stadt duckt, und durch das Schlußbild, in dem ein sanft verweinter Gott (der Nachmittag) seine grauen Puderhände über alles legt. Verbindungen des Heterogenen stellt aber auch die komplizierte und ungewöhnliche Reimabfolge abc/abc/def/def her, die durch lautliche Korrespondenz zusammenfügt, was ansonsten auseinander fallen würde.
Während Lichtenstein sein Großstadtgedicht mit dem Bild eines sanft verweinten Gottes beschließt, läßt Heym in seinem berühmten Gedicht ‚Der Gott der Stadt' einen Gott, Baal, über einer Stadt thronen.

Georg Heym: Der Gott der Stadt

Auf einem Häuserblocke sitzt er breit.
Die Winde lagern schwarz um seine Stirn.
Er schaut voll Wut, wo fern in Einsamkeit
Die letzten Häuser in das Land verirrn.

Vom Abend glänzt der rote Bauch dem Baal,
Die großen Städte knien um ihn her.
Der Kirchenglocken ungeheure Zahl
Wogt auf zu ihm aus schwarzer Türme Meer.

Wie Korybanten-Tanz dröhnt die Musik
Der Millionen durch die Straßen laut.
Der Schlote Rauch, die Wolken der Fabrik
Ziehn auf zu ihm, wie Duft von Weihrauch blaut.

Das Wetter schwelt in seinen Augenbrauen.
Der dunkle Abend wird in Nacht betäubt.
Die Stürme flattern, die wie Geier schauen
Von seinem Haupthaar, das im Zorne sträubt.

Er streckt ins Dunkel seine Fleischerfaust.
Er schüttelt sie. Ein Meer von Feuer jagt
Durch eine Straße. Und der Glutqualm braust
Und frißt sie auf, bis spät der Morgen tagt.[49)]

Eine Stadtlandschaft in der Röte der Abenddämmerung (s. zweite Strophe), später dann in der Nacht (s. vierte Strophe) bei stürmischem Wetter, verwandelt sich Heym in die Vision eines breit auf einem Häuserblock sitzenden Gottes, um dessen Stirn sich die Winde lagern. Wie der heidnische Fruchtbarkeitsgott Baal sitzt er da, sein Bauch beglänzt von der untergehenden rötlichen Sonne. Um ihn her knien anbetend die Städte, wobei zu bemerken ist, daß Heym mit der zweiten Strophe das Bild ins Kolossalische steigert, spricht er doch in der ersten Strophe von einem Gott, auf einem Häuserblocke sitzend, in der zweiten sind es aber bereits die *Städte,* die vor ihm niederkauern. In den Strophen zwei und drei werden Einzelerscheinungen der Stadt, wie das Geläute der Kirchenglocken, die Türme der Stadt, der Lärm und das Wirrwarr der Menschenmassen, der Rauch der Schlote und der den Fabriken entsteigende Qualm in ein taumelndes Opferfest zu Ehren des Gottes umgedeutet. Das Geläut christlicher Kirchen wogt zu dem heidnischen Gott auf, die Musik der Stadt klingt wie Tanzmusik orgiastischer Ritualtänze der Korybanten, der Rauch der Schornsteine wird zum Weihrauch, der zu dem Gotte emporsteigt. Eine Zuspitzung erfährt das Geschehen in den beiden letzten Strophen, wenn das Wetter in den Augenbrauen des Wettergottes, der Baal auch ist, schwelt. Das orgiastische Fest zu Ehren des Gottes verwandelt sich in ein fürchterliches Strafgericht. Ein am Himmel plötzlich aufziehendes Gewitter wird in den Zorn des Gottes umgedeutet, der dann seine Fleischerfaust ins Dunkle streckt, sie schüttelt und damit ein Meer von Feuer durch die Stadt jagt. Der Gott der Stadt ist demnach eine sich in Blitz und Donner offenbarende Naturgewalt, die vernichtet, was der Mensch als moderne Zivilisation geschaffen hat. Die Natur wird personifiziert in der Gestalt eines Gottes, die dem Menschen überlegen bleibt und sich rächt, weil sich dieser seiner eigenen Natur durch die Stadt entfremdet hat, denn in der Stadt entfremdet sich der Mensch seiner selbst, indem er sich verdinglicht und vermasst und sich selbst in der Gestalt von Götzen anbetet und unterwirft.

Während Heym im ‚Gott der Stadt' in einem mehrschichtigen Bildkomplex die menschliche Entfremdung in der Stadt beschreibt, gelingt es Wolfenstein, dem Thema städtischer Entfremdung noch einen anderen Aspekt abzugewinnen.

Alfred Wolfenstein: Städter

Dicht wie Löcher eines Siebes stehn
Fenster beieinander, drängend fassen
Häuser sich so dicht an, daß die Straßen
Grau geschwollen wie Gewürgte sehn.

Ineinander dicht hineingehakt
Sitzen in den Trams die zwei Fassaden
Leute, ihre nahen Blicke baden
Ineinander, ohne Scheu befragt.

Unsre Wände sind so dünn wie Haut,
Daß ein jeder teilnimmt, wenn ich weine.
Unser Flüstern, Denken ... wird Gegröhle ...

– Und wie still in dick verschlossner Höhle
Ganz unangerührt und ungeschaut
Steht ein jeder fern und fühlt: alleine.[50)]

Wolfenstein geht es weniger um die Entfremdung zwischen Mensch und Umwelt oder durch falsches Bewußtsein, auch nicht um die Entfremdung zwischen dem Menschen und der Natur (wie sie Heym gestaltete). Er spricht von der Entfremdung der Städter untereinander, legt jenes Paradox offen, daß sich die Menschen in der Großstadt zwar hautnah begegnen, aber sich dennoch allein fühlen. Diese paradoxe Erscheinung entfaltet er in seinem Sonett ‚Städter', wobei er eine für das Sonett ungewöhnliche Reimabfolge wählt, indem er nämlich in den Quartetten nicht die Reime wiederholt und auch in den Terzetten eine nur selten erprobte Reimabfolge wählt (abba, cddc, efg, gef). Er nutzt jedoch die Pointierung, die ihm das Sonett als Möglichkeit zuspielt dadurch aus, daß er in den Quartetten und dem ersten Terzett die Nähe der Menschen in der Großstadt in einer Reihe von Beispielen aufweist (die nah beieinander stehenden Fenster, das Gedrängtste-

hen der Häuser, die ineinander greifenden fragenden Blicke in der Tram, schließlich das enge Beieinanderwohnen, das jede Intimität ausschließt), dann aber das Gedicht im letzten Wort ‚allein' sich aufgipfeln läßt, denn gerade trotz der Nähe der Menschen zueinander oder weil die Menschen so eng miteinander leben, bleibt doch ein jeder dem anderen fremd, bleibt allein.
Auf diese Erfahrung äußerster Einsamkeit verweist auch Zech in seinem Sonett ‚Fabrikstraße tags'.

Paul Zech: Fabrikstraße tags

Nichts als Mauern. Ohne Gras und Glas
zieht die Straße den gescheckten Gurt
der Fassaden. Keine Bahnspur surrt.
Immer glänzt das Pflaster wassernaß.

Streift ein Mensch dich, trifft sein Blick dich kalt
bis ins Mark; die harten Schritte haun
Feuer aus dem turmhoch steilen Zaun,
noch sein kurzes Atmen wolkt geballt.

Keine Zuchthauszelle klemmt
so in Eis das Denken wie dies Gehn
zwischen Mauern, die nur sich besehn.

Trägst du Purpur oder Büßerhemd –:
immer drückt mit riesigem Gewicht
Gottes Bannfluch: uhrenlose *Schicht.*[51)]

In der vereist-vereisenden Atmosphäre der Stadt – hier des Fabrikviertels – kann der Mensch nicht menschlich leben, er wird entwürdigt, getötet durch die Einsamkeit, in die er verstoßen ist. Daß diese Feststellung so bestimmend bzw. kategorisch wirkt, erreicht Zech durch die häufige Verwendung von Negationen ‚Nichts', ‚Ohne', ‚Keine' oder dadurch, daß er keine Änderung zulassen will, sondern den beschriebenen Zustand als einen immerwährenden, zeitlosen bezeichnet (s. das ‚immer' in der ersten Strophe und die letzte Zeile ‚Gottes Bannfluch: uhrenlose Schicht'). Der Mensch ist in den Straßenschluchten eingemauert, turmhoch eingezäunt, kein Weg führt aus diesem als Gefängnis empfundenen Lebensraum in die Freiheit, und auch das Denken sieht sich eingekerkert: ‚Keine Zuchthauszelle klemmt/so in Eis das Denken wie dies Gehn/zwischen Mauern.' Die Stadt läßt den Menschen in sich verschwinden, erdrückt ihn so, daß er gar nicht mehr zu existieren scheint. Die Mauern besehn nur noch sich selbst. (s. dritte Strophe, Zeile 3).

2. Die Natur als Ort des Grauens

Weil die Großstadt als Stätte der Einsamkeit, Lieblosigkeit, Entfremdung gedeutet wird, könnte man vermuten, daß von den Expressionisten die noch nicht zersiedelte Natur, die Landschaft, zum Fluchtort oder zur bergenden Heimat würde. Jedoch weit gefehlt. Die Metaphorisierung seelischer Zustände, wie sie bei den Stadtgedichten zu beobachten war, ist in der Naturlyrik der Expressionisten ebenfalls nachweisbar. Es gibt im Expressionismus also keine ‚realistische' Beschreibung einer Landschaft im Gedicht. Entsprechend schreibt Kurt Pinthus über die Landschaft in der expressionistischen Lyrik:

> „Weil der Mensch so ganz und gar Ausgangspunkt, Mittelpunkt und Zielsetzung dieser Dichtung ist, deshalb hat die Landschaft wenig Platz in ihr. Die Landschaft wird niemals hingemalt, geschildert, besungen; sondern sie ist ganz vermenscht: sie ist Grauen, Melancholie, Verwirrung des Chaos."[52]

Dies sei an einem Beispiel belegt:

Georg Heym: Printemps

Ein Feldweg, der in weißen Bäumen träumt,
In Kirschenblüten, zieht fern über Feld.
Die hellen Zweige, feierlich erhellt
Zittern im Abend, wo die Wolke säumt,

Ein düstrer Berg, den Tag mit goldnem Grat,
Ganz hinten, wo ein kleiner Kirchturm blinkt.
Des Glöckchen sanft im lichten Winde klingt
Herüber goldnen Tons auf grüner Saat.

Ein Ackerer geht groß am Himmelsrand.

Davor, wie Riesen schwarz, der Stiere Paar,
Ein Dämon vor des Himmels tiefer Glut

Und eine Mühle faßt der Sonne Haar
Und wirbelt ihren Kopf von Hand zu Hand
Auf schwarze Au, der langsam sinkt, voll Blut.[53)]

Es hat den Anschein, als spare Heym in diesem Gedicht das lyrische Subjekt aus. Bei genauerem Hinsehen zeigt sich jedoch, daß hier ein lyrisches Ich sehr wohl die Auswahl der Naturwahrnehmung bestimmt hat. Die Quartette dieses Sonetts skizzieren ein Bild des Frühlings. Es ist farbenprächtig, lebt dabei aber weniger von einer Vielzahl benannter Farberscheinungen, sondern eher von den wenigen, aber teilweise mehrfach unterstrichenen Farbbenennungen. Es sind im einzelnen die Farbtöne: weiß, gold, grün und düster. In der Beschränkung auf wenige, kräftig gesetzte Farben kann darum das Heym-Gedicht durchaus an expressionistische Malerei erinnern. So zurückhaltend wie in der Nennung der Farben ist Heym auch in der Nennung der Wahrnehmungsgegenstände. Die Rede ist vom Feldweg, den weißen Kirschbäumen und deren hellen Zweigen, die abends zittern, schließlich vom abends düstern, am Tag in goldener Sonne liegenden Berg, einem Kirchturm und grüner Saat. Das aus diesen Gegenständen komponierte Bild mutet friedlich, ruhig an, entspricht durchaus dem sanften goldenen Ton (man beachte die Synästhesie) der Kirchturmglocke. Aber dieser Schein trügt. Zwar ändert sich nicht die Blickrichtung des Wahrnehmenden, aber durch die Terzette ändert sich die Stimmung des Gedichtes schlagartig: Ein Ackerer taucht am Horizont vor des Himmels tiefer Glut auf, vor ihm ein Paar Stiere. Dieses Gruppenbild, nur in seinen Konturen sichtbar vor der untergehenden Sonne, nimmt dämonische Züge an (‚wie Riesen schwarz', ‚ein Dämon'), die sich noch weiter im letzten Terzett steigern, wenn dem Wahrnehmenden es so erscheint, als würde der Sonnenball wie ein Kopf von den sich drehenden Windmühlenflügeln von Hand zu Hand geworfen. Damit verwandelt sich das Sonnenlicht, von dessen goldner Farbe noch eingangs die Quartette sprachen, über die tiefe Glut des ersten Terzetts zum Blut als Schlußwort des Gedichtes. So wird stufenweise eine ruhig-idyllische Abendlandschaft in eine von Dämonen beherrschte Endzeitlandschaft mythischen Ausmaßes umgedeutet.

V. Ich-Zerfall und Ich-Entgrenzung

1. Ich-Zerfall

Expressionistische Lyrik reagiert seismographisch auf die mit der Moderne einhergehenden Verunsicherungen, den Substanzverlust und die Aushöhlung des Ich als Reaktion auf moderne Produktions-, Wahrnehmungs- und Denkformen. Die Leistung expressionistischer Lyrik liegt vor allem darin, daß sie für diese Strukturkrise des modernen Ich, die Erfahrung einer Ich-Beschädigung und die daraus resultierenden modernen Erfahrungen der Wirklichkeit, neue sprachliche und lyrische Formen findet. Die Sprach- und Formzertrümmerung, d. h. die ästhetische Revolte, ist demnach zum einen Zeichen für den Willen zum Ausbruch aus einem als repressiv empfundenen sozialen und ästhetischen Gefüge, zum andern aber auch adäquate Ausdrucksform dieses erlittenen Ich-Verlusts.

Was mit diesem Ich-Verlust gemeint ist, erläutert Benn in einem Kommentar zu einer seiner Figuren aus dem Drama ‚Der Vermessungsdirigent'. Es heißt dort:

> „In Pameelen tritt die Frage nach der Wirklichkeit noch direkter auf, noch grausamer, noch bodenloser. Hier ist tatsächlich Zersetzung der Epoche. In diesem Hirn zerfällt etwas, was seit vierhundert Jahren als Ich galt und wahrhaftig legitim für diesen Zeitraum den menschlichen Kosmos in vererbbaren Formen durch die Geschlechter trug. Nun ist dies Erbe zu Ende. Pameelen hofft anfangs durchaus, sich noch Welt in diese morschen Formen holen, Einzeldinge bis zur Weiterführung und Bearbeitung zu: Erfahrung, innerem Aufbau, gemütvollem Erleben: eben ‚Persönlichkeit' im alten Sinne, ‚Innerlichkeit' fassen zu können. Er überprüft dazu das Unwahrscheinlichste, mißt alles ab, daher Vermessungsdirigent, aber es zerrinnt. Er bekämpft den Zerfall, er will Positives, er will ‚Ansammlung', aber nur sporadisch und künstlich gerufen tritt sie auf. Die Linie, die so großartig im cogito ergo sum als souveränes Leben, das seiner Existenz nur im Gedanken sicher war, begann, in dieser Figur geht sie schauerlich zu Ende. [...] Denn das Begriffliche, das Logische, das Homosapienshafte war es ja doch, das

durch so viele Jahrhunderte von der Religion, vom philosophischen Idealismus, von der Aufklärung, vom Humanismus als das große Menschliche, Göttliche, Europäische in Tausenden von Dokumenten hochgetrieben und gepriesen war, und nun war also auch das Irrtum, Qual, Krampf, Röcheln, Delirium."[54]

In seinem Gedicht ‚Punkt' stellt Lichtenstein einen solchen von Benn beschriebenen Auflösungsprozeß des Ich dar:

Alfred Lichtenstein: Punkt

Die wüsten Straßen fließen lichterloh
Durch den erloschnen Kopf. Und tun mir weh.
Ich fühle deutlich, daß ich bald vergeh –
Dornrosen meines Fleisches, stecht nicht so.

Die Nacht verschimmelt. Giftlaternenschein
Hat, kriechend, sie mit grünem Dreck beschmiert.
Das Herz ist wie ein Sack. Das Blut erfriert.
Die Welt fällt um. Die Augen stürzen ein.[55]

Das Ich hält die Welt nicht mehr aus, ist ihr ganz ausgeliefert. Wahrnehmendes Ich und wahrgenommene Welt haben ihre Positionen vertauscht, indem das Ich nicht mehr Subjekt ist, das die Welt autonom begreift, sondern Objekt, durch dessen Kopf die Welt schießt. Die Grammatik des Textes folgt diesem Vorgang. In die grammatisch Subjektposition sind die ‚wüsten Straßen' getreten, die lichterloh durch den ‚erloschnen Kopf' fließen und dadurch Schmerzen verursachen. Das Wahrnehmungssubjekt kann seine Wahrnehmungs- und Gliederungsaktivität gegenüber der Objektwelt nicht mehr aufrechterhalten. Es stürzt in sich zusammen (‚Das Herz ist wie ein Sack. Das Blut erfriert'.), und mit dem Vergehen des Subjekts stürzt auch die Objektwelt zusammen (‚Die Welt fällt um. Die Augen stürzen ein.') Das Gedicht beschreibt somit einen nicht mehr aufzuhaltenden Auflösungs-, Verfalls- bzw. Reduktionsprozeß. Die Welt und das sie wahrnehmende Subjekt verflüchtigen sich zum Punkt, so zumindest ließe sich die Überschrift deuten.
Die bestürzende Erfahrung des Ich-Zerfalls sollte die Expressionisten in besonderer Weise für das Motiv des Irren sensibilisieren. So fällt ei-

ne Fülle von Gedichten innerhalb der expressionistischen Lyrik auf, die sich diesem Thema zuwenden. Ein Beispiel sei hier aufgeführt:

Georg Heym: Die Irren

Der Mond tritt aus der gelben Wolkenwand.
Die Irren hängen an den Gitterstäben,
Wie große Spinnen, die an Mauern kleben.
Entlang den Gartenzaun fährt ihre Hand.

In offnen Sälen sieht man Tänzer schweben.
Der Ball der Irren ist es. Plötzlich schreit
Der Wahnsinn auf. Das Brüllen pflanzt sich weit,
Daß alle Mauern von dem Lärme beben.

Mit dem er eben über Hume gesprochen.
Den Arzt ergreift ein Irrer mit Gewalt.
Er liegt im Blut. Sein Schädel ist zerbrochen.

Der Haufe Irrer schaut vergnügt. Doch bald
Enthuschen sie, da fern die Peitsche knallt,
Den Mäusen gleich, die in die Erde krochen.[56]

Durch Bildvergleiche aus der Tierwelt werden in den beiden Rahmenstrophen dieses Sonetts die Irren entpersonalisiert und animalisiert, somit ihres Ichs beraubt. Zunächst gleicht ihr Zustand den in dumpfer Wartehaltung sitzenden großen Spinnen, in dem zweiten Terzett nehmen sie die Gestalt verängstigter Mäuse an. Aus dieser entmenschlichten, stupiden, unter dem Diktat der Peitsche ihrer Wärter stehenden Existenz erheben sich die Irren für einen Augenblick. Die existenzielle Tier- und Gefangenenbildlichkeit wird in der Mitte des Gedichtes von einer aktivistisch, destruktiven Bildlichkeit (Tanz/Schrei/Blut/Gewalt) abgelöst. Die Eruption des Wahnsinns richtet sich gegen die Rationalität und die lebenszerstörende Form des Gefangenenseins. Das Gespräch über den Philosophen Hume wird abgebrochen, der Schädel des Arztes, Sitz rationalen Denkens, zerbrochen. Aber diese punktuell befreiende Reaktion der Irren (vergleichbar dem brutalen Mord an dem Krankenhausgeistlichen in Heyms Gedicht ‚Fieberspital III', den die Fieberkranken in einem deliriumähnlichen Zustand ausführen) dauert nur einen Moment, dann fallen die Irren wieder in erneute Regression. Heym bleibt in seiner Darstellung der Irren neutral, heischt kein Mitleid für sie ein, verurteilt nicht, setzt sie keinem Zynismus oder Sarkasmus aus. Andere expressionistische Lyriker nehmen hier deutlicher Partei ein, würden den Zustand der Regression, wie er am Ende des Gedichtes angedeutet ist, geradezu emphatisch feiern als einen Zustand der Ich-Entgrenzung.

2. Ich-Entgrenzung

Im Anschluß an das oben wiedergegebene Benn-Zitat wird man davon sprechen können, daß zumindest ein Teil der Expressionisten die Überwindung des Begrifflichen, Logischen, des Homosapienshaften intendierte. Sie suchen es in der Ekstase, im Rausch, der Halluzination, finden es als neue Unmittelbarkeit im Irrationalen des Lebens, im Un- oder Vorbewußten, im ‚Bruder-Mensch' oder der unio mystica mit einem neuen Gott. Als schon klassischer Topos gehört auch die Liebe zu solchen Entgrenzungsbereichen. So verwundert es nicht, daß die expressionistischen Lyriker im Motiv der Liebe bzw. in der Form der seit Jahrhunderten gepflegten Liebeslyrik eine willkommene Vorlage fanden.
Wie Benn dieses Thema in einem Liebesgedicht durchzuspielen vermag, zeigt sein Text ‚D-Zug':

Gottfried Benn: D-Zug

Braun wie Kognak. Braun wie Laub. Rotbraun. Maleiengelb.
D-Zug Berlin-Trelleborg und die Ostseebäder.

Fleisch, das nackt ging.
Bis in den Mund gebräunt vom Meer.
Reif gesenkt, zu griechischem Glück.
In Sichel-Sehnsucht: wie weit der Sommer ist!
Vorletzter Tag des neunten Monats schon!

Stoppel und letzte Mandel lechzt in uns.
Entfaltungen, das Blut, die Müdigkeiten,
die Georginennähe macht uns wirr.

Männerbraun stürzt sich auf Frauenbraun:

Eine Frau ist etwas für eine Nacht.
Und wenn es schön war, noch für die nächste!
Oh! Und dann wieder dies Bei-sich-selbst-Sein!
Diese Stummheiten! Dies Getriebenwerden!

Eine Frau ist etwas mit Geruch.
Unsägliches! Stirb hin! Resede.
Darin ist Süden. Hirt und Meer.
An jedem Abhang lehnt sein Glück.

Frauenhellbraun taumelt an Männerdunkelbraun:

Halte mich! Du, ich falle!
Ich bin im Nacken so müde.
Oh, dieser fiebernde süße
letzte Geruch aus den Gärten.[57)]

Hier wird Erotik als Rausch-Erfahrung thematisiert, und gerade die so vollzogene momentane Auflösung des Ich in einem Zustand des Rausches oder der Unbewußtheit erschwert den interpretatorischen Nachvollzug eines solchen Textes, der statt eines erzählbaren Nacheinanders das Ineinander beinahe chaotischer Wahrnehmungsvielfalt wählt, statt der Logizität bewußt das Alogische bevorzugt, nicht mehr mit auflösbaren Metaphern oder gar Vergleichen arbeitet, sondern stattdessen vieldeutige Chiffren setzt und durch syntaktische Unvollständigkeiten einen Assoziationsraum dem Leser freigibt, wodurch dieser in seinem Verständnis des Textes nur in geringem Maße festgelegt ist. Trotz dieser vorausgeschickten Einschränkung sei ein Versuch der deutenden Paraphrase des Textes versucht: ‚D-Zug' lautet die Überschrift, gibt damit einen Ort an, dem das Folgende zuzuordnen ist, die Summe aus kurzen Impressionen, Reflexionen, Gesprächsfetzen und Erinnerungen. Mit ‚D-Zug' ist aber auch etwas von der Schnelligkeit und Hektik benannt, die sich dann in der Reimlosigkeit, dem Wechsel von einzeln stehenden Zeilen und Zeilengruppen, dem fehlenden metrischen Gleichmaß und der unterschiedlichen rhythmischen Bewegung jeder Zeile bemerkbar macht, wobei dieser Eindruck noch weiter unterstützt wird durch den mit einer einzigen Ausnahme eingehaltenen Zeilenstil (Ausnahme Z. 9/10), die Zäsuren, die den einzelnen Zeilen eingelagert sind (s. besonders Z. 1, 3, 6, 9, 15, 17, 18, 21), und die

häufigen asyndetischen Reihungen (s.Z. 1). Die so erzeugte Schnelligkeit läßt den Wunsch nach Ruhe verständlich werden. (‚Ich bin im Nakken so müde.')
Mit der Überschrift läßt sich ebenfalls die zweite Zeile verbinden (‚D-Zug Berlin-Trellenborg und die Ostseebäder'), läßt sie sich doch als Fahrthinweisschild lesen, das die Richtung des Zuges angibt. Mit dem Stichwort Ostseebäder erschließt sich auch die erste Zeile. Sie hält Farbimpressionen fest, die man haben kann, wenn man in einem D-Zug entlanggeht und Fahrgäste beobachtet, die braungebrannt nach einem Ostseeurlaub sind. Entsprechend heißt es dann auch in der dritten Zeile: „Fleisch, das nackt ging", damit auf den beendeten Urlaub anspielend und, genauso wie in den ersten Zeilen, die Urlauber in ihrer menschlichen Personalität aussparend („Fleisch"). Die Farbskala der Brauntöne differenziert Benn zu Beginn durch die Hinzufügung von Vergleichswörtern oder Komposita (‚wie Kognak', ‚wie Laub', ‚Malaien-...'). Damit setzt er gleich schon zu Anfang einen Assoziationsraum, der für den folgenden Teil bestimmend und mehrfach aufgegriffen und variiert wird. Mit der Erwähnung des Kognaks erweitert er das sinnlich Wahrnehmbare um Gerüche (‚die Georginennähe macht uns wirr'/‚Eine Frau ist etwas mit Geruch'/‚Resede'/‚dieser fiebernde süße letzte Geruch aus den Gärten'); mit dem Laub assoziiert sich Spätzeitliches, Reifes, zum Fallen Bestimmtes (‚reif gesenkt'/‚Sichel-Sehnsucht' / ‚Vorletzter Tag des neunten Monats schon'/‚Stoppel und letzte Mandel lechzt in uns'/‚die Müdigkeiten'/Stirb hin'/‚ich falle',). Das Malaiengelb läßt sich wiederum leicht mit Exotik und Ferne in Verbindung bringen, weist damit auf jenen Komplex des Südlich-Mediterranen hin, das später wieder in solchen Stellen wie ‚zu griechischem Glück'/‚Darin ist Süden Hirt und Meer' aufgegriffen wird.
Impressionen im Zug bilden also den realen Ausgangspunkt dieses Gedichtes, die erweitert und miteinander verwoben werden. Das beobachtende Ich bleibt nicht reiner Beobachter, sondern schließt sich mit der zweifachen Nennung des ‚wir' in dieses Geflecht von sinnlicher Wahrnehmung, Erinnerung, aufgenommenen Gesprächsfetzen und freier Assoziation und Reflexion mit ein. Es fühlt sich in seinem Inneren einerseits reif gesenkt, ist müde, sehnt sich nach dem Tode (‚Sichel-Sehnsucht'), andererseits spürt es in sich Wallungen des Blutes, Entfaltungen. Das Ich ist in sich wirr, zerrissen zwischen Gegensätzen,

zwischen Aktivem und Passivem, Pulsierendem und Müdigkeiten. Gegensätze, die in dem letzten Teil des Gedichtes nochmals bestimmend werden, indem sie die einem Mann bzw. einer Frau zugeschriebenen Dialogpartien bilden. Diese werden durch die parallel, aber gleichzeitig spiegelverkehrt zueinander gestellten Sätze eingeleitet: ‚Männerbraun stürzt sich auf Frauenbraun'/‚Frauenhellbraun taumelt an Männerdunkelbraun'. In der unterschiedlichen Bewegungsform ‚stürzen' und ‚taumeln' kündigt sich die Unterschiedlichkeit in der Männer-und Frauenrolle an, dort aktiv-zielgerichtetes Verhalten, hier passiv-zielloses Raumeln, dort Kasino-Überlegenheit (‚Eine Frau ist etwas für eine Nacht'), hier intimeres, verhalteneres Reden (‚Halte mich! Du, ich falle!'). Aber trotz dieser Gegensätzlichkeiten in der sprachlichen Äußerung treibt doch Mann und Frau Gleiches an. Sie beide suchen in der erotischen Begegnung die Ich-Entgrenzung, den Rausch und damit die Vorahnung eines ‚griechischen Glücks', wie es in der fünften Zeile bereits geheißen hatte. Sie sehnen sich nach der alle Differenzen aufhebenden Ekstase, die ‚Unsägliches' beinhaltet, vor jeder Reflexion steht und im Augenblick vorwegnimmt, was als Lebensziel ersehnt wird, die Regression ins Vorbewußte, Sprachlose, die Aufgabe des ‚Bei-sich-selbst-Seins', das als Fluch der Entzweiung erfahren wird. Daß dieser erotische Glücksmoment jedoch nur punktuell erfahrbar ist, macht das ‚Getriebensein' des Ich aus, bestimmt – wie oben bereits angedeutet – die Motorik des Textes, den Eindruck des Gehetztseins. Um die ekstatisch-erotische Erfahrung, das ‚Unsägliche', wie es Benn nennt, doch sagbar zu machen, bedient sich Stadler in seinem Gedicht ‚Die Dirne' religiöser Redeweise, die immer schon dazu hat dienen müssen, Formen einer letzten Vereinigung in Sprache zumindest versuchsweise zu fassen.

Ernst Stadler: Die Dirne

Wie aus den Armen Gottes
glitt ich in den Arm der Welt:
Noch wars das Streichen seiner Hände,
das mir meine Brüste aufgeschwellt,
Und seiner Liebe Schwert,
das lustvoll sehrend meinen Leib durchstieß

Und das in Wollust weilend
sich im Dunkel meines Blutes niederließ,
Als schon mein Leib, den Vielen ausgeliefert,
sich auf armen Polstern streckte.
Und wenn ich unter Schauern mich vergrub,
war ers, dem sich mein Schoß entgegenstreckte,
Und wenn mit rohem Wort
die Welt mich überfiel,
Floß selige Marter
und im Fernen leuchtete der Prüfung Ziel.
Und ekle Speise,
die aus Graun und Schmach an mich erging,
War die geweihte Hostie,
die mein Mund aus seiner Hand empfing,
Und jede Lust
war tief im Blute seiner Wunden eingekühlt,
Und jedes Wehe
vom Gefunkel seiner Liebe überspült,
Aus Kellern, Hafenkneipen, Dirnengassen,
wo die Seele wie vom Leib verirrt
dem Traum entgegenschlief,
Wuchs mailich schon die Stimme,
die zu Hochzeit und zu Auferstehung rief.[58)]

Sicherlich entkommt Stadler damit nicht der Gefahr der Blasphemie, und Stadler nahm das Gedicht bezeichnenderweise auch nicht in seine Sammlung ‚Der Aufbruch' auf, obwohl es zuvor in der Zeitschrift ‚Aktion' erschienen war. Das Gedicht ist ein Rollengedicht, Sprecherin ist, wie die Überschrift besagt, eine Dirne. In extremer Weise wird hier die geschlechtliche Liebe geheiligt. Die Dirne vergleicht ihren Liebhaber, in dessen Armen sie gelegen hat, mit Gott: ‚Wie aus den Armen Gottes glitt ich in den Arm der Welt:/Noch wars das Streichen seiner Hände, das mir meine Brüste aufgeschwellt.' Dieser zu Beginn gesetzte Vergleich trägt dann das ganze Gedicht und rückt damit die Dirne in die Nähe der Braut Gottes, eine aus der Bibel, vor allem dem ‚Hohen Lied', bekannte Vorstellung, die auch noch den Schluß des Gedichtes bestimmt, wenn es heißt: ‚Aus Kellern, Hafenkneipen, Dirnengassen, wo

die Seele wie vom Leib verirrt dem Traum entgegenschlief,/Wuchs mailich schon die Stimme, die zu Hochzeit und zu Auferstehung rief.' Im Binnenraum des Gedichtes ist die Rede von der eklen Speise, die zur ‚geweihten Hostie' wird, von der Schmach und dem Leiden der Dirne als ‚seliger Marter'. So werden durchgehend Ekelhaftes und Heiliges miteinander vermischt, Heiliges wird verweltlicht (so die unio mystica als die Vereinigung mit Gott mit dem Geschlechtsakt gleichgesetzt) und umgekehrt Ekelhaftes, Irdisches geheiligt, wobei die Grenzen zwischen beiden Bereichen aufgehoben werden. Die Vermischung läßt sich für Stadler dadurch erklären, daß für ihn das Heilige nichts Transzendentes ist, sondern sich immer nur in der Immanenz des Lebens offenbart, zu dem auch das gesellschaftlich Ausgeschiedene, das Tabuisierte und Ekelerregende gehören. Das ständige Streben nach dem höchsten Grad der Intensität des Erlebens, welches die Wahl des Dirnenmotivs und die religiöse Metaphorik bestimmte, ist Ausdruck eines unersättlichen Drangs, das Leben in all seinen Höhen und Tiefen auszukosten. Weil das Leben in seinem ganzen Reichtum Ziel dieser Sehnsucht ist, kann das einzelne Liebeserlebnis niemals ganz die Erfüllung gewähren und das einzelne Gedicht niemals der endgültige Ausdruck der Erfüllung sein, so daß der Dichter ständig sein Erleben zu steigern und dessen Ausdruck zu überhöhen gezwungen ist und Stadler sein Werk ‚Der Aufbruch' konsequenterweise dann auch zyklisch anlegt, so daß die einzelnen Gedichte sich gegenseitig spiegeln und ergänzen.
Außer der Liebe können noch ganz andere Bereiche die Grundlage für solche Entgrenzungen abgeben. So z. B. die Technik in Stadlers ‚Fahrt über die Kölner Rheinbrücke bei Nacht', die in ein ekstatisches Erlebnis umgedeutet wird:

Ernst Stadler:
Fahrt über die Kölner Rheinbrücke bei Nacht

Der Schnellzug tastet sich
und stößt die Dunkelheit entlang.
Kein Stern will vor. Die ganze Welt ist nur ein enger,
nachtumschienter Minengang,
Darein zuweilen Förderstellen
blauen Lichtes jähe Horizonte reißen: Feuerkreis

Von Kugellampen, Dächern, Schloten,
dampfend, strömend . . . nur sekundenweis . . .
Und wieder alles schwarz.
Als führen wir ins Eingeweid der Nacht zur Schicht.
Nun taumeln Lichter her . . . verirrt, trostlos vereinsamt . . .
mehr . . . und sammeln sich . . . und werden dicht.
Gerippe grauer Häuserfronten liegen bloß,
im Zwielicht bleichend, tot –
etwas muß kommen . . . o, ich fühl es schwer
Im Hirn. Eine Beklemmung singt im Blut.
Dann dröhnt der Boden plötzlich wie ein Meer:
Wir fliegen, aufgehoben,
königlich durch nachtentrissne Luft, hoch übern Strom.
O Biegung der Millionen Lichter, stumme Wacht,
Vor deren blitzender Parade
schwer die Wasser abwärts rollen.
Endloses Spalier, zum Gruß gestellt bei Nacht!
Wie Fackeln stürmend! Freudiges!
Salut von Schiffen über blauer See! Bestirntes Fest!
Wimmelnd, mit hellen Augen hingedrängt!
Bis wo die Stadt
mit letzten Häusern ihren Gast entläßt.
Und dann die langen Einsamkeiten. Nackte Ufer.
Stille. Nacht. Besinnung. Einkehr. Kommunion.
Und Glut und Drang
Zum Letzten, Segnenden. Zum Zeugungsfest.
Zur Wollust. Zum Gebet. Zum Meer.
Zum Untergang.[59)]

Auf der reinen Vorgangsebene handelt es sich in diesem Text um die Annäherung eines Schnellzuges an die Großstadt Köln und die sich anschließende Fahrt über die Rheinbrücke, die einen Blick über Stadt und Fluß ermöglicht. Die Fahrt wird aber zu einem inneren Erlebnis verwandelt. Das Gedicht reiht dabei die einzelnen Phasen der Fahrt aneinander (s. auch die sechsfache ‚und'-Reihung in ‚Bahnhöfe'), was deutlich wird durch die mehrfache Verwendung der Zeitadverbien (Und wieder, Nun, dann, Und dann). Dem entspricht auf der Gefühlse-

bene eine Abfolge von Beklemmung, ekstatisch erlebter Befreiung, Ruhe und erneuter Ekstase. Wahrgenommene Fahrteindrücke werden jeweils mit imaginierten Bildern verbunden, wobei Vergleiche bzw. Metaphorisierungen hilfreich sind. So vergleicht Stadler die Fahrt durch die Großstadt mit einem nachtumschienten Minengang, später heißt es dann wieder, nachdem Kugellampen, Dächer, Schlöte für jeweils einen kurzen Moment (‚sekundenweise') die Finsternis durchrissen haben, man ‚führe ins Eingeweid der Nacht zur Schicht'. Dieser Welt des Toten, trostlos Vereinsamten folgt eine Erwartung auf ‚etwas, das kommen muß'. Mit dem Übertritt aus dem Sicheren ins Ungesicherte der Strecke über den Rhein setzt dann jene Phase der Fahrt ein, die einem Flug über das Meer verglichen wird: ‚Wir fliegen, aufgehoben, königlich durch nachtentrissne Luft, hoch übern Strom.' Partizipialkonstruktionen halten diesen Zustand für einen Augenblick fest, bis er dann von einem neuen Moment der Ruhe und Besinnung gefolgt wird, um dann erneut wieder einer Glut und einem Drang zum Letzten, Segnenden, zum Zeugungsfest, zur Wollust und schließlich zum Untergang nachzugeben. Das lyrische Wir steigert sich zum Ende in einen Rausch, der eigentlich vorsprachlich ist. Wie Benn in ‚Kokain' (s. dort) beschließt darum auch Stadler sein Gedicht mit einer Reihung von Ausrufen, von Einzelwörtern oder kleineren Wortverbindungen, in denen grammatikalische Zusammenhänge gänzlich aufgehoben sind.
Diese Wortballungen lassen nur noch in einem von ihnen angeschlagenen Resonanzraum ein mystisches Erlebnis erahnen, in dem christliche (‚Kommunion') und heidnische Vorstellungen (z. B. ‚Zeugungsfest') ineinanderfließen und auf ein Ereignis hindeuten, das Zeugung und Untergang, Einkehr und Drang zum Letzten miteinander ungeschieden verbindet. Das Gedicht, äußerlich in der Tradition der Eisenbahngedichte stehend, wie sie im 19. und zu Beginn des 20. Jahrhunderts häufig vorgelegt wurden, endet in einem Augenblick äußerster Lebenserfüllung.

VI. Autorenporträts

1. Gottfried Benn

„Geboren 1886 und aufgewachsen in Dörfern der Provinz Brandenburg. Belangloser Entwicklungsgang, belangloses Dasein als Arzt in Berlin“[60], so lauten Benns lakonische Angaben, die er Pinthus für den biographisch-bibliographischen Anhang der ‚Menschheitsdämmerung‘ zur Verfügung stellte. Hinter diesen kargen Daten verbirgt sich dennoch eine nicht ganz so belanglose Vita, wie Benn glauben machen will. Er wurde in Mansfeld in der Westprignitz als Sohn eines protestantischen Pastors und einer aus der französischen Schweiz stammenden Mutter geboren, eine Herkunft, die für Benn wichtig werden sollte, weil sich hier das kunstliebende Romanische mit dem Geist des protestantisch deutschen Pfarrhauses verband, das schon mehrfach im 18. und 19. Jahrhundert Literaten als Söhne hervorgebracht hatte. Benn besuchte das Gymnasium in Frankfurt a. d. Oder, studierte auf Wunsch seines Vaters Theologie und Philosophie, wandte sich aber dann dem Medizinstudium zu und absolvierte die Kaiser-Wilhelm-Akademie für Militärärzte in Berlin. Aus gesundheitlichen Gründen schied er aus dem militärischen Dienst aus und arbeitete kurze Zeit als Privatarzt in Berlin. Im ersten Weltkrieg ist Benn bis 1917 in Belgien als Militärarzt tätig, nach dem Krieg eröffnet er eine Praxis für Haut- und Geschlechtskrankheiten, in der er auch nach dem zweiten Weltkrieg wieder tätig sein wird. Nach Hitlers Machtergreifung nimmt er für kurze Zeit Partei für den Nationalsozialismus, wendet sich aber schon bald wieder von ihm ab und wird aufs heftigste im ‚Schwarzen Korps‘ und im ‚Völkischen Beobachter‘ von den Nationalsozialisten attakiert, schließlich aus dem Ärztebund, dann 1938 aus der Reichsschrifttumskammer ausgeschlossen und mit einem Schreibverbot belegt. Benn wählte – wie er selbst sagt – die ‚aristokratische Form der Emigration‘, trat in den Heeresdienst ein, um zuerst in Hannover, dann einige Jahre in Berlin, schließlich seit 1943 in Landsberg a. d. Warthe die Tätigkeit eines militärärztlichen Beamten auszuüben.
Benn stirbt am 7. 7. 1956, zuvor waren ihm der Büchnerpreis (1951), das Verdienstkreuz der Bundesrepublik (1953) verliehen worden. Gegen Ende seines Studiums veröffentlichte er seinen ersten, Aufsehen erre-

genden Gedichtband ‚Morgue und andere Gedichte‘ (1912), auf den sich die folgenden Ausführungen beschränken müssen.
Mit seinem 1912 veröffentlichten Zyklus ‚Morgue und andere Gedichte‘ schockierte er die bürgerliche Gesellschaft, indem er die herkömmlichen Vorstellungen von Lyrik grundsätzlich in Frage stellte, so daß die Gedichte gleich nach ihrem Erscheinen einen Sturm der Entrüstung auslösten. Er verstörte eine nach schöngeistiger Literatur dürstende, Kunst als dekorativen Schmuck konsumierende bürgerliche Epoche durch eine für die Lyrik bislang ungewohnte Thematik, indem er seine Leser ins Leichenschauhaus, den Sektionssaal oder in die Krebsbaracke führte. Dadurch war – wie Stadler es formulierte – ‚gründlich mit dem lyrischen Ideal der Blaublümeleinritter‘ aufgeräumt, stattdessen präsentierte Benn, den Schock dabei kunstvoll kalkulierend und die Provokation des Lesers suchend, die ‚Krone der Schöpfung‘, den Menschen, nicht in idealisierter Form, sondern als ein ‚etwas, das winselt‘, einen ‚Klumpen Fett und faule Säure‘. In seinem Vorwort zu ‚Frühe Lyrik Dramen‘ steht die Aufforderung zur Desillusion: „Laßt doch euer ewiges ideologisches Geschwätz, euer Gebarme um etwas ‚Höheres‘, der Mensch ist kein höheres Wesen.“[61] Benn zeigt mit klinisch kaltem Blick und ohne jede Rührung die erbärmliche Kreatürlichkeit und den physischen Zerfall. Er, selbst Arzt, hält den Blick des Arztes bei, spricht dessen medizinische Fachsprache und durchsetzt seine Lyrik mit dem laxen, ärztlichen Jargon.

Mit Pickeln in der Haut und faulen Zähnen
paart sich das in ein Bett und drängt zusammen
und säet Samen in des Fleisches Furchen
und fühlt sich Gott bei Göttin.[62]

So beginnt das Gedicht ‚Der Arzt‘, ganz im Ton der Desillusion gehalten. Der Verzicht auf den Reim, die abrupten, scheinbar willkürlich gesetzten Zeilenenden, die einfache Aneinanderreihung von Adjektiven und vor allem Substantiven, die mehrfache Verwendung des äußerst distanzierenden ‚das‘ statt ‚der Mensch‘, schließlich die Zerstümmelung der Syntax geben dem Gedicht ein Höchstmaß an Diskontinuität, Disparatheit und Dissonanz, so daß es in einer gewollten mangelnden künstlerischen Formung genau dem in ihm gezeichneten Menschenbild entspricht.

Benn nutzt die leserlenkende Wirkung der Titelgebung aus, um systematisch den Leser zu schocken. Ein Gedicht mit dem Titel ‚Schöne Jugend' setzt ganz andere Erwartungen, als sie dann durch den folgenden Text eingelöst werden, daß sich nämlich die schöne Jugend auf einen Rattenwurf bezieht, der sich wohnlich (‚Laube') in der Leiche eines Mädchens, die lange im Schilf gelegen hatte, eingenistet hat, und, wie die spätere Obduktion ergibt, von Leber, Niere und Blut der Leiche ernährt. Dem Text mangelt es an mitleidigem Kommentar. Der Tod des Mädchens wird genauso sachlich-nüchtern konstatiert wie der ‚schöne und schnelle' Tod der jungen Ratten, die man kurzerhand allesamt ins Wasser wirft. ‚Ach, wie die kleinen Schnauzen quietschten', so lautet das zynische Ende. Der Sinnzusammenhang jeglicher Lebensordnung ist aufgehoben.

Gottfried Benn: Schöne Jugend

Der Mund eines Mädchens, das lange im Schilf gelegen hatte,
sah so angeknabbert aus.
Als man die Brust aufbrach, war die Speiseröhre so löcherig.
Schließlich in einer Laube unter dem Zwerchfell
fand man ein Nest von jungen Ratten.
Ein kleines Schwesterchen lag tot.
Die andern lebten von Leber und Niere,
tranken das kalte Blut und hatten
hier eine schöne Jugend verlebt.
Und schön und schnell kam auch ihr Tod:
Man warf sie allesamt ins Wasser.
Ach, wie die kleinen Schnauzen quietschten![63)]

Irreführend ist auch der Titel des Gedichts ‚Kleine Aster'

Gottfried Benn: Kleine Aster

Ein ersoffener Bierfahrer wurde auf den Tisch gestemmt.
Irgendeiner hatte ihm eine dunkelhellila Aster
zwischen die Zähne geklemmt.
Als ich von der Brust aus
unter der Haut

mit einem langen Messer
Zunge und Gaumen herausschnitt,
muß ich sie angestoßen haben, denn sie glitt
in das nebenliegende Gehirn.
Ich packte sie ihm in die Brusthöhle
zwischen die Holzwolle,
als man zunähte.
Trinke dich satt in der Vase!
Ruhe sanft,
kleine Aster![64)]

Der Titel lockt den Leser auf eine gänzlich falsche Fährte, und der Leser, der wahrscheinlich ein Blumengedicht oder ein traditionelles Herbstgedicht erwartet hat, sieht sich gleich mit der ersten Zeile getäuscht: ‚Ein ersoffener Bierfahrer wurde auf den Tisch gestemmt.' Pietätlos wird von dem Toten gesprochen, er wird behandelt wie ein Gegenstand (‚gestemmt'). Und wie in ‚Schöne Jugend' dem Mädchen die Brust auf dem Seziertisch brutal ‚aufgebrochen wird', kann der Leser in ‚Kleine Aster' Zeile für Zeile den Gang des Seziermessers verfolgen: ‚Als ich von der Brust aus/unter der Haut/mit einem langen Messer/Zunge und Gaumen herausschnitt'. Der Titel selbst bezieht sich auf eine Blume, die ‚irgendeiner' dem leichenstarren Bierfahrer ‚zwischen die Zähne geklemmt' hat und die nunmehr während der Sektion in das neben dem Körper liegende, schon entfernte Gehirn gleitet und nach Vollendung der Sektion zusammen mit der Holzwolle in die Brusthöhle ‚gepackt' wird. Das Gedicht schließt mit den beiden gebetsähnlichen, an Beerdigungssprachformeln erinnernden zwei Zeilen:

Ruhe sanft,/kleine Aster!

Es fällt eine Vermischung der Sprachelemente auf, dort die objektive, teilweise sarkastische Umgangssprache des Mediziners, die den Sektionsvorgang präzise festhält, hier die religiösen Sprachformeln. Indem beides widersinnig verwandt wird, hält die chaotisch verwirrte Sprache etwas von dem Chaos der Wirklichkeit fest, und der zerstückkelte Mensch entspricht den isolierten Sprachelementen. Die Depersonalisierung wiederholt sich in der formelhaft erstarrten, verbrauchten, leeren und morschen Sprachform, die aber, so synthetisiert, plötzlich neue Reize gewinnt.

Wie Benn in ‚Kleine Aster' den Leser den Gang des Messer verfolgen läßt, führt er auch den Leser in ‚Mann und Frau gehn durch die Krebsbaracke' immer näher an das Objekt heran, indem er den Mann, wohl einen Arzt, zu einer ihn begleitenden Frau sprechen läßt.

Gottfried Benn:
Mann und Frau gehn durch die Krebsbaracke

Der Mann:
Hier diese Reihe sind zerfallene Schöße
und diese Reihe ist zerfallene Brust.
Bett stinkt bei Bett. Die Schwestern wechseln stündlich.

Komm, hebe ruhig diese Decke auf.
Sieh, dieser Klumpen Fett und faule Säfte,
das war einst irgendeinem Mann groß
und hieß auch Rausch und Heimat.

Komm, sieh auf diese Narbe an der Brust.
Fühlst du den Rosenkranz von weichen Knoten?
Fühl ruhig hin. Das Fleisch ist weich und schmerzt nicht.

Hier diese blutet wie aus dreißig Leibern.
Kein Mensch hat so viel Blut.
Hier dieser schnitt man
erst noch ein Kind aus dem verkrebsten Schoß.

Man läßt sie schlafen. Tag und Nacht. – Den Neuen
sagt man: hier schläft man sich gesund. – Nur sonntags
für den Besuch läßt man sie etwas wacher.

Nahrung wird wenig noch verzehrt. Die Rücken
sind wund. Du siehst die Fliegen. Manchmal
wäscht sie die Schwester. Wie man Bänke wäscht.

Hier schwillt der Acker schon um jedes Bett.
Fleisch ebnet sich zu Land. Glut gibt sich fort.
Saft schickt sich an zu rinnen. Erde ruft.[65)]

In der ersten Strophe fällt der Blick noch auf das Ganze der Baracke mit ihren Bettreihen, dann verengt sich das Blickfeld von Strophe zu

Strophe (1. – 4. Strophe) immer mehr. Durch die direkte Rede, die den Gang durch die Krebsbaracke Schritt für Schritt begleitet, die mehrfache Verwendung des ‚Hier', der Demonstrativpronomen (dieser), der direkten Anrede (Du) und durch die Häufung der Imperative (Komm; hebe; Sieh; Fühl ruhig) gewinnt das Gedicht an szenischer Präsenz und Unmittelbarkeit, der sich der Leser nicht mehr entziehen kann. Die Kranken sind in diesem Gedicht reduziert auf den zerfallenen Schoß, die zerfallene Brust, den Klumpen Fett und faule Säfte. Sie dämmern bewußtlos dahin, bis daß der Tod den Schlaf ablöst. Sie sind aus der Welt menschlicher Zuwendung und Kommunikation bereits ausgetreten. Das Personal ‚wechselt stündlich' (s. 1. Strophe), manchmal ‚wäscht sie eine Schwester, wie man Bänke wäscht' (s. 6. Strophe). Benn richtet seinen Blick somit ganz auf die Verfallsperspektive. Das Gedicht birgt kein Bild der Hoffnung in sich. Selbst da, wo von neuem Leben, einem Kind, die Rede ist (4. Strophe), wird auch dies in den Bereich des körperlichen Zerfalls sofort zurückgeholt: ‚Hier dieser schnitt man/erst noch ein Kind aus dem verkrebsten Schoß.'
Nur die letzte Strophe weicht im Ton von den vorangegangenen ab. Die Krebsbaracke wird zum Todesacker. In einer parallel geführten Gegenbewegung stellt sich Harmonie ein: So wie der Acker um die Betten der Todgeweihten schwillt, ebnet sich umgekehrt das Fleisch wieder zu Land. Die Toten antworten dem Ruf der Erde.
Zwar steht am Ende des Lebens bei Benn nicht mehr die Hoffnung auf Erlösung, aber nach der Schilderung des physischen Verfalls und Verfließens der Krebskranken folgt doch der Blick auf die überindividuelle Kraft der Erde und des organischen Lebens, die den einzelnen Menschen im Tode in sich aufnehmen und ihn zu sich rufen. Die Erlösung liegt also hier in der Auflösung, in dem Heraustreten aus der Individualität. Der Tod ist die Heimkehr des Menschen in die ‚ewige Erde' (‚Eine Leiche singt').[66]
Die Suche nach solcher Entgrenzung thematisiert auch das Benn-Gedicht ‚Kokain'.

Gottfried Benn: Kokain

Den Ich-Zerfall, den süßen, tiefersehnten,
den gibst du mir: schon ist die Kehle rauh,
schon ist der fremde Klang an unerwähnten

Gebilden meines Ichs am Unterbau.

Nicht mehr am Schwerte, das der Mutter Scheide
entsprang, um da und dort ein Werk zu tun,
und stählern schlägt –: gesunken in die Heide,
wo Hügel kaum enthüllter Formen ruhn!

Ein laues Glatt, ein kleines Etwas, Eben –
und nun entsteigt für Hauche eines Wehns
Das Ur, geballt, Nicht-seine beben
Hirnschauer mürbesten Vorübergehns.

Zersprengtes Ich – o aufgetrunkene Schwäre –
verwehte Fieber – süß zerborstene Wehr –:
verströme, o verströme du – gebäre
blutbäuchig das Entformte her.[67)]

Von diesem Gedicht aus erweisen sich die Radikalität und der Zynismus, mit dem Benn in ‚Schöne Jugend' oder ‚Mann und Frau gehen durch die Krebsbaracke' die Ichzerstörung betrieben hatte, als erster Schritt auf einem Weg, an dessen Ende der Ich-Zerfall als Erlösung herbeigesehnt wird. Kokain ist das Medium, mit dessen Hilfe der süße, tiefersehnte Ich-Zerfall herbeigeführt wird. Das Rauschgift löscht die Helle des Bewußtseins, unter der das Ich leidet, aus und erschließt die tabuisierten, bislang verschütteten Zonen des Unterbewußten. Durch Zersprengung oder Verströmen des Ich und die Auflösung der Identität vollzieht sich, zumindest für einen Augenblick (‚für Hauche eines Wehns'), das Einswerden mit dem Ursprünglichen. Damit ist ein als Erlösung von der Schwere des Bewußtseins begriffener, ekstatischer Zustand gemeint, in dem die Differenzen des Seins aufgehoben sind, die Formen sich auflösen bzw. – mit den Worten des Textes – ‚entformen' und in einen vorbewußten oder unbewußten Zustand zurücktreten. (Ähnliche Gedanken fanden sich bereits bei Stadler in dem Gedicht ‚Form ist Wollust'). Da dieser formlose Zustand sich eigentlich der sprachlichen Formung entzieht, droht das Gedicht in einen Selbstwiderspruch zu geraten, den Benn jedoch zu umgehen versucht, indem er jenen ‚fremden Klang' einfängt durch das Zerschlagen der Syntax, die Aneinanderreihung von Reizwörtern, das immer wieder neu aufgenommene Umkreisen dieses Zustandes im sprachlichen Bild, die

mehrfache Verwendung des unbestimmten Artikels (‚*ein* laues Glatt', ‚*ein* kleines Etwas' usw.), die Rückgewinnung des Reims und eine für seine Lyrik neue Musikalität, die sich durch die kalkulierte Stellung der Vokale, Dehnungslaute und Diphthonge ergibt.
Ein Überblick über die hier behandelten Gedichte Benns ergibt: Ausgehend von dem Ekel am Dasein, vor allem an dem Menschen, sucht Benn nach dem Ungeformten, Vorweltlichen, den weiten exotischen und kosmischen Räumen. In der Flucht vor dem ‚Hirn' anerkennt Benn das Gegennatürliche, den Geist als Form. Eine solche Metaphysik der Form sichert den Menschen nach Benn gegen die Zerstörung der Zeit. Benn durchläuft den Weg von der radikalen Zerstörung überlieferter Kunstformen zu einer erneuten Heiligung der Kunst. Mit den Worten aus seiner Schrift ‚Fanatismus und Transzendenz':

> „Ich habe die Atmosphäre meines Vaterhauses bis heute nicht verloren: in dem Fanatismus zur Transzendenz, in der Unbeirrbarkeit, jeden Materialismus historischer und psychologischer Art als unzulänglich für die Erfassung und Darstellung des Lebens abzulehnen. Aber ich sehe diese Transzendenz ins Artistische gewendet, als Philosophie, als Metaphysik der Kunst. Ich sehe die Kunst die Religion dem Range nach verdrängen. Innerhalb des allgemeinen europäischen Nihilismus, innerhalb des Nihilismus aller Werte, erblicke ich keine andere Transzendenz als die Transzendenz der schöpferischen Lust."[68)]

2. Georg Heym

Heym wurde 1887 in Hirschberg (Schlesien) geboren. Bedingt durch die häufigen Versetzungen seines Vaters, der als Staatsanwalt tätig war, zog die Familie häufig um, bis daß sie sich ab 1900 fest in Berlin niederlassen konnte. Heym besuchte dort das Joachimsthalsche Gymnasium, mußte dann aber auf das Friedrich-Wilhelm Gymnasium in Neuruppin wechseln, weil er aus seiner alten Schule wegen eines Schülerstreichs ‚verbannt' wurde, wie Heym es empfand. 1907 begann er ein Jurastudium in Würzburg, setzte es in Jena und Berlin fort, schloß es mit einem Examen 1911 in Berlin ab und promovierte noch innerhalb dieses Jahres. Bereits während der Referendarausbildung versuchte er, dem verhaßten Juristenberuf dadurch zu entfliehen, daß er eine Dolmetscherausbildung für den konsularischen Dienst antrat, schließlich bewarb er sich um eine Einstellung als Fahnenjunker bei einem Artillerie-Regiment, beides wohl Fluchtversuche aus einer vom Vater vorgeprägten, von Heym so gehaßten Lebensbahn. Seit 1910 gehörte Heym dem von Kurt Hiller gegründeten ‚Neuen Club' an, durch dessen Mitglieder Heym in seiner dichterischen Entwicklung gefördert und bestätigt wurde. Am 16. 1. 1912 kam er durch einen Unfall ums Leben: Bei einer Schlittschuhpartie auf der Havel brach er mit seinem Freund Ernst Blacke ein und ertrank.

Heyms Tagebuchaufzeichnungen verraten, daß sein Leben von früh an von Aufbegehren gekennzeichnet war. Aufbegehren gegen die Institution Schule, gegen das Elternhaus, schließlich gegen eine starre Gesellschaftsordnung des wilhelminischen Deutschland, durch die er sich geknebelt sah und der er nur durch Fluchtphantasien und theatralische Selbstmordandrohungen und Vorstellungen glaubte sich entziehen zu können.

Vom Joachimsthaler Gymnasium wird er verwiesen, weil er ein der Schule gehörendes Ruderboot aus Trotz gegen den Schulzwang verbrannt hatte. Die Konferenzbücher des Friedrich-Wilhelm-Gymnasiums weisen mehrere Eintragungen wegen der Verstöße gegen die Schulordnung auf. Um den Direktor dieser Schule bloßzustellen, verfaßt Heym einen Abschiedsbrief, adressiert an das Provinzialschulkollegium in Berlin, in dem er seinen Selbstmord ankündigt: „Ich, der Oberprimaner Georg Heym, Sohn des kaiserlichen Militäranwalts Hermann Heym, Berlin W. 30. [. . .] seit Ostern 1905 Schüler des Ruppiner Gymnasiums, gestorben durch eigene Hand den zu , erlaube mir einem hohen Provinzialschulkollegium noch aus dem Hades, damit der Tragödie auch das Satyrspiel nicht fehle, gehorsamst folgendes zu unterbreiten: . . ."[69] Gleich nach der Referendarausbildung inszeniert Heym mit seinen Freunden eine Verbrennung seiner juristischen Lehrbücher auf einem der elterlichen Wohnung nahegelegenen Grundstück, um so seinem Haß auf Studium und Brotberuf Luft zu machen. Bezeichnend für Heym ist, daß er wohl weiß, was er nicht will, nämlich die ihn einschnürende Enge einer bürgerlichen Existenz. Wohin ihn aber der Weg führen soll, weiß er nicht: „Ich weiß nicht mehr, wo mein Weg hingeht. Früher war alles klar, einfach. Jetzt ist alles dunkel, auseinander, zerstreut. Eine solche Mischung wie ich ist sicher noch nirgends dagewesen, von rechts wegen müßte das unmittelbar zum Wahnsinn führen. Am liebsten wäre ich, man denke sich, Kürassierleutnant, – heute – und morgen wäre ich am liebsten Terrorist."[70] Immer wieder klagt Heym über eine in ihm wohnende Krankheit, eine Melancholie, die er auf den Mangel an Erlebnissen zurückführt. Krankheitssymptome sind: eine „Verzweiflung, ehe man noch begonnen hat", „inhaltloses Dasein", „Ereignislosigkeit des Lebens", „Hunger nach einer Tat", „Geschmack von Alltäglichkeit". Heilmittel sind: „eine große Revolution", „eine Durchquerung Afrikas" oder „ein Krieg"[71]. Krankheit und Arznei zugleich benennend, heißt es im Tagebuch:

> „Ich aber, der Mann der Dinge, ich, ein zerrissenes Meer, ich immer in Sturm, ich der Spiegel des Außen, ebenso wild und chaotisch wie die Welt, ich leider so geschaffen, daß ich ein ungeheures, begeistertes Publikum brauche, um glücklich zu sein, krank, genug, um mir nie selbst genug zu sein, ich wäre mit einem Male gesund, ein Gott, erlöst, wenn ich [...] die Menschen herumrennen sähe mit angstzerfetzten Gesichtern, wenn das Volk aufgestanden wäre, und eine Straße hell wäre von Pieken, Säbeln, begeisterten Gesichtern, und aufgerissene Hemden."[72]

Heym inszeniert für sich in Gedanken die Revolution, und eine solche Ersatzrevolution ist wohl auch die literarische Revolte, an der er mitschreibt, unterstützt von seinen Freunden im ‚Club'. Heym sucht in seinen Fragment gebliebenen Dramen und Gedichten nach lebensgesättigten Gestalten, nach Figuren voller Lebenskraft und findet sie in Revolutionären (Spartacus, Catilina u. a.) oder Renaisssancemenschen. Durch viele Texte scheint eine Faszination für Revolution und Krieg als Ereignisse elementarer Natur durch. Klar heißt es in seinem Gedicht ‚Gebet':

> *Laß uns Feuer der Kriege, und brennende Länder sehen,*
> *Daß noch einmal unser Herz, wie ein Bogen schnellt,*
> *Wenn der Donner der Schlacht braust über ein weites Feld,*
> *Und der Kanonen Höllengelächter erschallt.*
>
> *Daß wie Fackeln dir brennen nachts Wald um Wald*
> *Und wenn du schreitest riesig über dem Untergang*

Blutroter Tage, dir freudig schallt
Tausend Sterbender Schrein und Lobgesang."[73]

Heyms Radikalität und seine oppositionelle Haltung zur ihm zeitgenössischen ‚toten' Zeit äußert sich auch in der Zertrümmerung eines harmonisch-idealistischen Menschenbildes wie in der Zersetzung der idyllischen Landschaft. Er entlarvt beides als Lüge und stellt ihnen seine von Verzweiflung, dem Wahn gekennzeichneten, in sich zerrissenen Gestalten bzw. die dämonischen, von Spannungen, wilder Unruhe oder eisiger Leere erfüllten Landschaften gegenüber.

Georg Heym: Der Winter

Der blaue Schnee liegt auf dem ebenen Land,
Das Winter dehnt. Und die Wegweiser zeigen
Einander mit der ausgestreckten Hand
Der Horizonte violettes Schweigen.

Hier treffen sich auf ihrem Weg ins Leere
Vier Straßen an. Die niedren Bäume stehen
Wie Bettler kahl. Das Rot der Vogelbeere
Glänzt wie ihr Auge trübe. Die Chausseen

Verweilen kurz und sprechen aus den Ästen.
Dann ziehn sie weiter in die Einsamkeit
Gen Norden und Süden und nach Osten und Westen,
Wo bleicht der niedere Tag der Winterzeit.

Ein hoher Korb mit rissigem Geflecht
Blieb von der Ernte noch im Ackerfeld.
Weißbärtig, ein Soldat, der nach Gefecht
Und heißem Tag der Toten Wache hält.

Der Schnee wird bleicher, und der Tag vergeht.
Der Sonne Atem dampft am Firmament,
Davon das Eis, das in den Lachen steht
Hinab die Straße rot wie Feuer brennt.[74]

Im vergehenden Abend dampft der Sonne Atem am Firmament, und gleichzeitig ‚brennt das Eis, das in den Lachen steht, hinab die Straßen

rot wie Feuer'. Zuvor hatte Heym in diesem Gedicht eine weiße Landschaft gezeichnet, in der zusammenhanglos die Dinge stehn, nicht auf Zukünftiges deuten, sondern nur noch auf sich selbst weisen: ,Und die Wegweiser zeigen/Einander mit der ausgestreckten Hand/Der Horizonte violettes Schweigen./Hier treffen sich auf ihrem Weg ins Leere/ Vier Straßen an.' Durch die Aussparung alles Menschlichen, das zurückgedrängt ist in die Vergleiche, gewinnt die Landschaft eine furchterregende Leere und wird gerade dadurch wieder zur Seelenlandschaft eines in sich leeren, verwaisten, ort- und zukunftslos gewordenen Menschen.
An die Stelle des traditionell Ästhetischen stellt Heym einen Kult des Häßlichen, macht das Leichenschauhaus, die Wasserleichen oder die Hingerichteten zu Gegenständen seiner Lyrik. Auf dem Gegensatzgefühl zu seiner Zeit beruhen außerdem die oben ausführlicher behandelten typischen Untergangsvisionen Heyms (,Der Krieg', ,Umbra vitae'). Dem Sekuritätsbewußtsein des Bürgers setzt er in diesen Gedichten mit unerbittlicher Härte seine dynamischen Bilder vom unvermeidlichen Zusammenbruch der alten Ordnung entgegen.

3. Georg Trakl

Trakl wurde 1887 in Salzburg geboren. Der Vater führte dort einen Eisenhandel, der der Familie einen gutbürgerlichen Lebensstil ermöglichte. „Es ging uns sehr gut; wir hatten eine große Wohnung und lebten in jener behaglichen und selbstverständlichen Aisance, die sich heute niemand mehr vorstellen kann"[75], so berichtet im Rückblick auf die Jugend der jüngste Bruder Georg Trakls. Was Fritz Trakl dabei verschweigt: Von seinem Bruder wird berichtet, daß er als Kind mehrfach Selbstmordversuche unternimmt. Er hat sich vor einen scheuenden Rappen geworfen, ist von einem fahrenden Zug gesprungen, ein anderes Mal in einen Teich hineinspaziert. Schamvoll zugedeckt wird auch in der Notiz des Bruders die ausgeprägte Nikotinsucht Georg Trakls, die seit dem fünfzehnten Lebensjahr von Versuchen mit Rauschgift abgelöst wird. Dem Rauschgift sollte Trakl verfallen bleiben, schließlich sollte er sogar an einer Überdosis Kokain sterben. Außer Georg Trakl litt auch seine Mutter an Rauschgiftsucht, und drei der Geschwister standen ebenfalls in der Gefahr, süchtig zu werden.

Seiner Schwester Margarethe lebte Trakl in inzestuöser Beziehung, eine Schuld, die ihn aufs tiefste belastete („Wenn in befleckten Zimmern jegliches Schicksal vollendet ist, tritt mit modernden Schritten der Tod ins Haus.“[76]). Margarethe – zur Pianistin ausgebildet – heiratete einen alternden Bohèmien Langen. Auch sie findet, wie ihr Bruder, nicht in eine bürgerliche Ordnung. Vermutlich von Georg beeinflußt, verfällt sie der Drogensucht; eine hinzukommende Trunksucht verzerrt ihr Wesen bis in Pathologische. 1917, als sie, begleitet von ihrem Freund Herwarth Walden, eine Gesellschaft besucht, zieht sie sich dort ins Nebenzimmer zurück und erschießt sich.
Trakls berufliche Laufbahn mißglückt, nachdem er bereits die Schule hatte verlassen müssen, weil er die siebente Gymnasialklasse trotz Wiederholung nicht erfolgreich absolvieren konnte. Er entschied sich für die Apothekerlaufbahn, vermutlich, weil er sich so die Rauschgifte besser zugänglich machen konnte. Der Beruf des Apothekers erforderte ein dreijähriges Praktikum (1905 – 1908 in Salzburg), dem sich ein Pharmaziestudium in Wien anschloß (1908 – 1910). Nach einem freiwilligen Militärjahr unternahm Trakl in Salzburg, Wien und Innsbruck zahlreiche Versuche, beruflich tätig zu werden. 1912 lernte er in Innsbruck Ludwig von Ficker kennen, der nicht nur die meisten Gedichte Trakls aus zwei Lebensjahrzehnten in seiner Zeitschrift ‚Der Brenner‘ veröffentlichte, sondern der auch Trakl immer wieder eine Zufluchtsstätte als Freund war.
In Briefen an Ficker finden sich jene Selbstanklagen, in denen Trakl sich schonungslos entblößt:

> „Zu wenig Liebe, zu wenig Gerechtigkeit und Erbarmen, und immer zu wenig Liebe; allzuviel Härte, Hochmut und allerlei Verbrechertum – das bin ich. Ich bin gewiß, daß ich das Böse nur aus Schwäche und Feigheit unterlasse und damit meine Bosheit noch schände. Ich sehne den Tag herbei, an dem die Seele in diesem armseligen von Schwermut verpesteten Körper nicht mehr wird wohnen wollen und können, an dem sie diese Spottgestalt aus Kot und Fäulnis verlassen wird, die ein nur allzu getreues Spiegelbild eines gottlosen, verfluchten Jahrhunderts ist.“[77]

In dem anderen Brief vom Ende November 1913 heißt es:

„Ja, verehrter Freund, mein Leben ist in wenigen Tagen unsäglich zerbrochen worden und es bleibt nur mehr ein sprachloser Schmerz, dem selbst die Bitternis versagt ist. [. . .] Vielleicht schreiben Sie mir zwei Worte; ich weiß nicht mehr ein und aus. Es ist ein so namenloses Unglück, wenn einem die Welt entzweibricht. O, mein Gott, welch ein Gericht ist über mich hereingebrochen. Sagen Sie mir, daß ich die Kraft haben muß, noch zu leben und das Wahre zu tun. Sagen Sie mir, daß ich nicht irre bin. Es ist steinernes Dunkel hereingebrochen. O, mein Freund, wie klein und unglücklich bin ich geworden:“[78)]

Trakls Dichtung ist ganz und gar aus dem Leid geboren. Sie trägt die Züge des Schmerzes, der Selbstanklage und des Bewußtseins, daß eine ganze Welt auseinandergebrochen sei, in sich. Trakl selbst spricht einmal von dem ‚infernalischen Chaos von Rhythmen und Bildern', dem er sich ausgesetzt fühle und das seine Dichtung beherrsche. Wo immer Trakl dann die heile, die ursprüngliche, noch ganze Welt beschwört, ist sie verlorenes Paradies, vergangen oder, kaum evoziert, vom Untergang gezeichnet, künftig nur als transzendenter Bereich, der Tod vorausgesetzt. So in seinem Gedicht ‚Ein Winterabend':

Georg Trakl: Ein Winterabend

Wenn der Schnee ans Fenster fällt,
Lang die Abendglocke läutet,
Vielen ist der Tisch bereitet
Und das Haus ist wohlbestellt.

Mancher auf der Wanderschaft
Kommt ans Tor auf dunklen Pfaden.
Golden blüht der Baum der Gnaden
Aus der Erde kühlem Saft.

Wanderer tritt still herein;
Schmerz versteinerte die Schwelle.
Da erglänzt in reiner Helle
Auf dem Tische Brot und Wein.[79)]

Es handelt sich bei dem Gedicht um keine realistische Wiedergabe eines Winterabends. Vielmehr sind Bruchstücke der Realität (der ans Fenster fallende Schnee, das Läuten der Abendglocke, das Tor, der Tisch mit Brot und Wein) zu einem vorerst nicht ganz durchschaubaren Zweck nebeneinandergesetzt worden. Die erste Strophe erzeugt mit ihren Substantiven ein Bild von Ruhe (fallender Schnee), Friede, Feierabend (Glocke), Gastlichkeit und Geborgenheit (Tisch, wohlbestelltes Haus). Es ist, als ob auf jemanden gewartet würde und als ob in dem Haus jemand an sein Ziel komme. In der zweiten Strophe findet sich dazu die Bestätigung: ‚Mancher auf der Wanderschaft/Kommt ans Tor auf dunklen Pfaden.' Zu den ‚Vielen' der ersten, den ‚Manchen' der zweiten Strophe kann man nunmehr sagen, es seien wohl jene gemeint, die sich auf Wanderschaft befinden. Unbestimmt bleibt aber nun, was mit den ‚dunklen Pfaden' gemeint sein könnte. Dies Bild verträgt sich zwar mit den vorausgegangenen zeitlichen Bestimmungen (Abendglocke) und der Dunkelheit, die auch die Pfade dunkel werden läßt. Liest man aber die ‚Wanderschaft' als Wanderschaft durch das Leben, wie häufig in der Literatur Leben und Wandern miteinander gleichgesetzt werden, würde sich als weitere Möglichkeit ergeben, die dunklen Pfade als Lebenswege in der Dunkelheit und Unbehaustheit des Lebens zu verstehen. Der Winter macht diese Pfade zu Wegen der Einsamkeit, Kälte; wer hier gehen muß, ist gefährdet, ihm ist unheimlich, er fühlt sich ausgesetzt. Läßt man sich auf diese Leseweise ein, fügen sich auch die beiden folgenden Zeilen diesem Sinn. Was sonst unverständlich blieb, bekommt nun die Bedeutung, daß hier ein Lebenszeichen, ein Zeichen der Hoffnung und Erlösung, aufscheint. Gegen den dunklen Pfad hebt sich der ‚golden blühende Baum' ab. Zu denken wäre auch an die christliche Tradition, die von dem Kreuze als dem Lebensbaum spricht, dem Zeichen der Erlösung aus der Finsternis.

Dazu paßt nunmehr auch, daß in der dritten Strophe von dem in reiner Helle auf dem Tische erglänzenden Brot und Wein die Rede ist, eine deutliche Anspielung auf den Altar, die auf ihm dargebotenen, zu Leib und Blut Christi verwandelten Gaben Brot und Wein, die, an die Gäste verteilt, jene durch den Kreuzestod erbrachte Erlösung als Versprechen weitergeben. ‚Winterabend' wird zur Situationsbeschreibung einer Welt der Kälte, der eine Welt der Hoffnung und Sehnsucht auf Erlösung entgegengesetzt ist. Das Gedicht ist zugleich Aufforderung, jene Schmerz- und womöglich Todesschwelle zu übertreten, denn

Schmerz und Tod sind es, die das Erlösungsbedürfnis wecken und damit die Brücke zu dem befreiten, geborgenen Sein darstellen. Nicht nur die eigene Situation erfährt Trakl als ausweglos und schuldhaft. Zeichen für den Zustand des ‚gottlosen, verfluchten Jahrhunderts' und einer entzweigebrochenen Welt ist ihm z. B. auch der Krieg. Angesichts des ‚steinernen Dunkels', das über ihn und seine Zeit hereingebrochen ist, stimmt er in seiner Lyrik die Klage an, die dem sprachlosen Schmerz als letztmögliche Verlautbarung abgerungen wird. Elegie ist auch sein Gedicht ‚Grodek', das letzte Gedicht, das er vor seinem Tode schrieb.

Georg Trakl: Grodek

Am Abend tönen die herbstlichen Wälder
Von tödlichen Waffen, die goldnen Ebenen
Und blauen Seen, darüber die Sonne
Düstrer hinrollt; umfängt die Nacht
Sterbende Krieger, die wilde Klage
Ihrer zerbrochenen Münder.
Doch stille sammelt im Weidengrund
Rotes Gewölk, darin ein zürnender Gott wohnt
Das vergoßne Blut sich, mondne Kühle;
Alle Straßen münden in schwarze Verwesung.
Unter goldnem Gezweig der Nacht und Sternen
Es schwankt der Schwester Schatten durch den schweigenden Hain.
Zu grüßen die Geister der Helden, die blutenden Häupter;
Und leise tönen im Rohr die dunkeln Flöten des Herbstes.
O stolzere Trauer! ihr ehernen Altäre
Die heiße Flamme des Geistes nährt heute ein gewaltiger Schmerz.
Die ungebornen Enkel.[80)]

Um welche Schlacht es konkret geht, erfährt der Leser lediglich aus der Überschrift, die jenen Ort in Galizien benennt, der der Schauplatz der ersten bedeutenden Schlacht des Ersten Weltkrieges zwischen Österreichern und Russen war. Entgegen dieser Konkretion in der Überschrift verwandelt Trakl die Landschaft, die er zu Beginn beschreibt, in das Bild einer vom Tode gezeichneten Landschaft ganz allgemein. Alles geht einem Ende entgegen. Es ist Abend, die Wälder sind herbstlich. Die Abendsonne rollt bedrohlich, ‚düstrer' über eine Landschaft, durch die tödliche Waffen tönen. In den Waffenklang mischt sich nachts die Klage zerbrochener Münder sterbender, von der Nacht umfangener Krieger. Die Landschaft ist in Rot eingetaucht. Das Bild der roten, über das Firmament dahinrollenden Sonne wiederholt sich in dem roten Gewölk, ‚darin ein zürnender Gott wohnt' (man denke an alttestamentarische Gottesdarstellungen), und in den sich im Weidengrund sammelnden Blutlachen. Näher der Nacht zu, ist an die Stelle des roten Sonnenballs der weiße, kalte Mond getreten. Mit der 10. Zeile schließt sich dieses Bild einer Kriegslandschaft: ‚Alle Straßen münden in schwarze Verwesung'. Die Leistungen der Zivilisation (Straßen) werden naturalisiert, gehen in die Natur ein, verwesen. Liest man ‚Straßen' als Zeichen der Hoffnung, als begehbaren Weg in die Zukunft, heißt diese Zeile auch, daß jede Zukunft vernichtet ist, alles verfällt. Dann folgt ein Sprung innerhalb des Gedichtes. Es scheint, als seien die nächsten Zeilen auf ein Jenseits bezogen. Aber es ist kein christliches Jenseits, das Tröstung den Gefallenen zu spenden vermag, sondern es ist ein Ort, durch den der Schatten der Schwester wie ein Todesengel ‚schwankt' und über die Toten, die blutenden Häupter, klagt. In diese elegische Klage stimmen die dunklen Flöten der Natur mit ein. Schwester und Flöten des Herbstes stimmen zusammen ein Klagelied an, in dem mit ‚stolzerer Trauer' (ein solcher absoluter Komparativ wurde bereits in der vierten Zeile verwandt) und gewaltigem Schmerz der Toten gedacht und dessen gedacht wird, daß die Welt an ein Ende gekommen ist. Es ist der Schmerz über die ungeborenen Enkel, der sie das Klagelied singen läßt, wie Trakl selbst mit ‚Grodek' ein Klagelied anstimmt angesichts einer aus den Fugen geratenen Welt, die nur ihren trostlosen Zustand im Krieg besonders deutlich hervorkehrt. ‚Grodek' ist Trakls letztes Gedicht. 1914 wurde er bei Kriegsausbruch eingezogen, und er erlebte die Schlacht bei Grodek als Sanitätsfähnrich mit. Unter deren Eindruck brach er zusammen und starb im Krakauer Lazarett an einer Überdosis Kokain.

VII. Anmerkungen

1) Kasimir Edschmid: Expressionismus in der Dichtung, zit. nach: Deutsche Literaturkritik, hrsg. v. Hans Mayer, Frankfurt 1978, Bd. 3, S. 261.
2) ebd., S. 262.
3) ebd.
4) ebd.
5) ebd.
6) ebd., S. 263f.
7) ebd., S. 262.
8) ebd., S. 263f.
9) ebd., S. 265ff.
10) Th. Haubach: Wider die Politik, in: Das Tribunal 1 (1919), S. 52.
11) Georg Heym: Dichtungen und Schriften, hrsg. v. Karl Ludwig Schneider, Hamburg 1960, Bd. 3, S. 138f.
12) Helmut Kreuzer: Exkurs über die Boheme, in: Deutsche Literatur im 20. Jahrhundert. Strukturen und Gestalten, Bd. 1, Bern u. München ^{5}1967, S. 223f.
13) Ludwig Rubiner: Der Mensch in der Mitte, Berlin-Wilmersdorf 1917, S. 19.
14) Gottfried Benn: Gesammelte Werke, hrsg. v. Dieter Wellershoff, Wiesbaden 1965, Bd. 7, S. 1838.
15) ebd., S. 1838f.
16) Menschheitsdämmerung. Ein Dokument des Expressionismus, hrsg. v. Kurt Pinthus, Hamburg 1959, S. 26.
17) ebd., S. 22.
18) ebd., S. 23.
19) ebd.
20) zit. nach Wolfgang Paulsen: Expressionismus und Aktivismus. Eine typologische Untersuchung, Straßburg 1934, S. 136.
21) Die Gedichte werden zitiert nach: Expressionismus. Lyrik, hrsg. v. Wilhelm Große, Stuttgart 1980, S. 13. (im folgenden: EL, S.)
22) Clemens Heselhaus: Deutsche Lyrik der Moderne. Von Nietzsche bis Yvan Goll, Düsseldorf 1961, S. 147f.
23) Franz Werfel: Aphorismus zu diesem Jahr, in: Die Aktion 4, 1914, Sp. 903.

24) EL, S. 16.
25) zit. nach: Gedichte der ‚Menschheitsdämmerung', hrsg. v. Horst Denkler, München 1971, S. 57.
26) ebd., S. 58.
27) EL, S. 25.
28) Alfred Lichtenstein: Die Verse des Alfred Lichtenstein, in: Die Aktion 3. Nr. 40 (Okt. 1913), S. 944.
29) zit. nach: Dein Lächeln weint. Gesammelte Gedichte. Wiesbaden 1956, S. 33.
30) zit. nach: Der Sturm. Ein Erinnerungsbuch, hrsg. v. N. Walden, Aachen 1954, S. 76.
31) EL, S. 53ff.
32) zit. nach: Georg Lukács: Essays über Realismus, Neuwied und Berlin 1971, S. 144ff.
33) Ernst Stadler: Dichtungen, hrsg. v. Karl Ludwig Schneider, Hamburg 1954, Bd. 1, S. 173
34) Karl Ludwig Schneider: Der bildhafte Ausdruck in den Dichtungen Georg Heyms, Georg Trakls und Ernst Stadlers, Heidelberg [2]1961, S. 173.
35) EL, S. 63.
36) Walther Killy: Wandlungen des lyrischen Bildes, Göttingen [5]1967, S. 127f.
37) Bertolt Brecht: Gesammelte Werke in 20 Bänden, Frankfurt a. M. 1967, Bd. 19, S. 291ff.
38) s. Anm. 16, S. 22.
39) EL, S. 15.
40) ebd., S. 28.
41) ebd., S. 29.
42) ebd., S. 12.
43) zit. nach: Walter Schmähling: Gedichte des Expressionismus, Stuttgart 1968, S. 19.
44) EL, S. 13.
45) EL, S. 7.
46) zit. nach: s. Anm. 43, S. 24.
47) zit. nach: Die Lyrik des Expressionismus, hrsg. v. Silvio Vietta, Tübingen 1976, S. 11f.

48) EL, S. 32.
49) ebd., S. 32.
50) ebd., S. 34.
51) ebd., S. 34.
52) s. Anm. 16, S. 29.
53) EL, S. 41.
54) Gottfried Benn: Der Dichter über sein Werk, hrsg. v. Edgar Lohner, München 1969, S. 15.
55) EL, S. 17.
56) EL, S. 25.
57) ebd., S. 46.
58) ebd., S. 51.
59) ebd., S. 36.
60) s. Anm. 16, S. 336.
61) s. Anm. 54, S. 205.
62) s. Anm. 14, Bd. 1, S. 13.
63) EL, S. 19
64) s. Anm. 62, S. 7.
65) EL, S. 19.
66) s. Anm. 14, Bd. 2, S. 374.
67) EL, S. 21.
68) s. Anm. 14, Bd. 7, S. 1691f.
69) zit. nach: Karl Ludwig Schneider: Georg Heym, in: Deutsche Dichter der Moderne, hrsg. v. Benno von Wiese, Berlin [2]1969, S. 391.
70) ebd., S. 396.
71) ebd., S. 397.
72) ebd.
73) ebd., S. 404.
74) EL, S. 44.
75) zit. nach: Ursula Jaspersen: Georg Trakl, in: Deutsche Dichter der Moderne, a. a. O., S. 407.
76) ebd., S. 411.
77) ebd., S. 419.
78) ebd., S. 421.
79) EL, S. 45.
80) EL, S. 31.

VIII. Literaturverzeichnis

Textsammlungen

Benn, Gottfried (Hrsg.): Lyrik des expressionistischen Jahrzehnts. Von den Wegbereitern bis zum Dada, München 1962.

Best, Otto F. (Hrsg.): Expressionismus und Dadaismus, Stuttgart 1974.

Bode, Dietrich (Hrsg.): Gedichte des Expressionismus, Stuttgart 1967.

Denkler, Horst (Hrsg.): Einakter und kleine Dramen des Expressionismus, Stuttgart 1968.

Große, Wilhelm (Hrsg.): Expressionismus. Lyrik mit Materialien, Stuttgart 1980.

Martini, Fritz (Hrsg.): Prosa des Expressionismus, Stuttgart 1971.

Pinthus, Kurt (Hrsg.): Menschheitsdämmerung. Symphonie jüngster Dichtung, Berlin 1919, Neuauflage Hamburg 1963ff.

Raabe, Paul (Hrsg.): Expressionismus. Der Kampf um eine literarische Bewegung, München 1965.

Vietta, Silvio (Hrsg.): Die Lyrik des Expressionismus, Tübingen 1976.

Gesamtdarstellungen

Arnold, Arnim: Die Literatur des Expressionismus. Sprachliche und thematische Quellen, Stuttgart 1966.

Brinkmann, Richard: Expressionismus. Forschungsprobleme 1952–1960, Stuttgart 1961.

Denkler, Horst (Hrsg.): Gedichte der ‚Menschheitsdämmerung'. Interpretationen expressionistischer Lyrik, München 1971.

Eibl, Karl: Lyrik des Expressionismus, in: Hinderer, Walter (Hrsg.): Geschichte der deutschen Lyrik, Stuttgart 1983, S. 420–438.

Heselhaus, Clemens: Deutsche Lyrik der Moderne. Von Nietzsche bis Yvan Goll. Die Rückkehr zur Bildlichkeit der Sprache, Düsseldorf 1961.

Hohendahl, Peter Uwe: Das Bild der bürgerlichen Welt im expressionistischen Drama, Heidelberg 1967.

Kemper, Hans-Georg: Vom Expressionismus zum Dadaismus. Eine Einführung in die dadaistische Literatur, Kronberg 1974.
Martens, Gunter: Vitalismus und Expressionismus. Ein Beitrag zur Genese und Deutung expressionistischer Stilstrukturen und Motive, Stuttgart 1971.
Rothe, Wolfgang (Hrsg.): Expressionismus als Literatur. Gesammelte Studien, Bern u. München 1969.
Schneider, Karl Ludwig: Zerbrochene Formen. Wort und Bild im Expressionismus, Hamburg 1967.
Steffen, Hans (Hrsg.): Der deutsche Expressionismus. Formen und Gestalten, Göttingen 1965.
Vietta, Silvio/Hans-Georg Kemper: Expressionismus, München 1975.

IX. Verzeichnis der interpretierten Gedichte

Bange Lernhilfen

in Ihrer Buchhandlung vorrätig

- Chemie
- Deutsch
- Englisch
- Französisch
- Geschichte
- Latein
- Mathematik
- Philosophie
- Physik

Gesamtverzeichnis

CHEMIE

Th. Bokorny

Chemie-Gerüst

Vegweiser und Ratgeber für Schüler und Abiturienen. 13., überarb. Auflage

28 Seiten **Bestell-Nr. 0674–2**

)ieses kurze in Tabellenform abgefaßte Vademecum ler Chemie soll kein Lehrbuch oder Lexikon sein, ondern die großen Linien und wissenswerten Teile er modernen Chemie übersichtlich klar und einrägsam veranschaulichen und in Erinnerung brinen.

Thomas Neubert

Chemische Formelsammlung

6 S. – kart. **Bestell-Nr. 0685–8**

lier wurden die wesentlichen Formeln mit ihren Anwenungsmöglichkeiten aufgezeichnet. Für den Schulunrricht und für häusliches Arbeiten ein wichtiges Hilfsittel – echte Lernhilfe!

DEUTSCH

hristian Floto

Basisinterpretationen für den Literatur- und Deutschunterricht I

Ausgewählte Stücke und Prosa von Shakespeare s Ionesco –

6 Seiten 2. Auflage **Bestell-Nr. 0589–4**

ach einer kurzen Skizzierung der Literaturepoche erden anhand häufig gelesener Stücke Basisinteretationen gegeben. Alle Beispiele entstanden im nterricht der Sekundarstufen.
olgende Stücke werden u. a. behandelt:
nakespeare, Hamlet – Lessing, Nathan – Schiller, allenstein – Goethe, Iphigenie – Kleist, Marquise n O/Die Verlobung . . . – Fontane, Effi Briest – Dojjewski, Der Spieler – Hauptmann, Rose Bernd – ann, Tonio Kröger – Döblin, Berlin Alexanderplatz – afka, Der Prozeß – Brecht, Sezuan – Kipphardt, Opnheimer – Frisch, Homo Faber – Frisch, Biederann u. Br. – Ionesco, Die Stühle.

hristian Floto

Basisinterpretationen für den Literatur- und Deutschunterricht II

Ausgewählte Stücke und Prosa „moderner" Auton in der ersten Hälfte des 19. Jahrhunderts. –

8 Seiten **Bestell-Nr. 0593-2**

teraturgeschichtlicher Abriß, Biographische Station, Aufbauprinzipien von Novelle und Drama; promorientierte Bezüge zur modernen sozialpsychogischen Lebenssituation. Folgende Stücke werden a. behandelt:
chner, Woyzeck – Grabbe, Scherz, Satire, Iro. . ., Kleist, Der zerbrochene Krug/Prinz von Homrg/Michael Kohlhaas/Erdbeben in Chili.

Bernd Matzkowski

Basisinterpretationen für den Literatur- und Deutschunterricht III

Untersuchungen und didaktische Hinweise zum Volksbuch Till Eulenspiegel.

Hinweise auf den Schelmenroman.

80 Seiten, kart. **Bestell-Nr. 0598–3**

Sachanalyse – Ausgewählte Historien – Motivquerverbindungen zu Schelmenromanen des 16. und 17. Jahrhunderts – Vorschläge für die Behandlung im Unterricht u. a.

Bernd Matzkowski/Ernst Sott

Basisinterpretationen für den Literatur- und Deutschunterricht IV

36 moderne deutsche Kurzgeschichten mit Arbeitsfragen.

112 Seiten, kart. **Bestell-Nr. 0599–1**

Interpretation der Kurzgeschichten **mit Arbeitsfragen** zu
ARBEITSTEXTE FÜR DEN UNTERRICHT (Reclam)
Deutsche Kurzgeschichten 11.–13. Schuljahr
und Pratz/Thiel:
NEUE DEUTSCHE KURZGESCHICHTEN (Diesterweg)

Karin Cohrs/Martin H. Ludwig

Basisinterpretationen für den Literatur- und Deutschunterricht V

Romane und Novellen des 19. Jahrhunderts

120 Seiten, kart. **Bestell-Nr. 0631–9**

Aus dem Inhalt:
Einleitung, Politik und Kultur des 19. Jahrhunderts – Interpretationen ausgewählter Romane und Novellen.
Kurzbiographie des Dichters – Entstehung des Werkes – Inhalt – Charaktere – Situationen – Erschließung des Textes (stilistische Besonderheiten, literaturhistorischer Rahmen, gesellschaftliche und politische Bezüge usw.), Arbeitsfragen.
Hoffmann, Das Fräulein von Scuderi – Kleist, Das Erdbeben in Chili – Mörike, Maler Nolten – Gotthelf, Wie Uli der Knecht glücklich wird – Storm, Immensee – Droste-Hülshoff, Die Judenbuche – Raabe, Die Akten des Vogelgesangs – Fontane, Der Stechlin – Eichendorff, Aus dem Leben eines Taugenichts – Keller, Die drei gerechten Kammacher – Storm, Hans und Heinz Kirch – Raabe, Die schwarze Galeere – Fontane, Schach von Wuthenow – Hauptmann, Bahnwärter Thiel.

Rüdiger Giese/Christian Floto

Basisinterpretationen für den Literatur- und Deutschunterricht VI

Romane und Novellen aus dem 20. Jahrhundert

112 Seiten, Kart. **Bestell-Nr. 0473**

Schnitzler, Leutnant Gustl – Mann, Tod in Venedig – Kafka, Die Verwandlung – Hesse, Der Steppenwolf – Kästner, Fabian – Mann, Mephisto – Zweig, Schachnovelle – Böll, Haus ohne Hüter – Wolf, Der geteilte Himmel – Kempowski, Tadellöser und Wolff

Bausteine – Deutsch

stellt detaillierte Unterrichtsstunden zur Behandlung unterschiedlichster Texte für die Sekundarstufen I und II vor.
Anordnung der Stunden als Sequenzen – Texte und Textanalysen – Didaktisch-methodische Arbeitshinweise – praktisch zu handhaben.
Angesprochen sind Lehrer und Lehramtsanwärter aller Schulformen.
Autoren sind: Praktiker – Ausbilder – Fachwissenschaftler aus allen Schulformen.

Bausteine Lyrik I
Spiel mit Sprache / Lyrischer Humor / Konkrete Poesie
160 Seiten, kart. **Bestell-Nr. 0650–5**

Bausteine Lyrik II
Ballade / Modernes Erzählgedicht / Chanson / Politische Lyrik / Thema- und Motivverwandtschaft
164 Seiten, kart. **Bestell-Nr. 0651–3**

Gerhart Hauptmann: Die Weber
Bestell-Nr. 652
Max Frisch: Homo Faber
Bestell-Nr. 653
Theodor Storm: Pole Poppenspäler
Bestell-Nr. 654
Albert Camus: Die Pest
Bestell-Nr. 655
George Orwell: 1984 / Animal Farm
Bestell-Nr. 656
Thomas Mann: Tonio Kröger
Bestell-Nr. 657
Goethe-Plenzdorf: Werther
Bestell-Nr. 658
Storm: Der Schimmelreiter
Bestell-Nr. 659
Lessing: Nathan der Weise
Bestell-Nr. 660
Dürenmatt: Der Richter und sein Henker
Bestell-Nr. 661
Goethe: Faust I/II
Bestell-Nr. 662
Eichendorff: Taugenichts
Bestell-Nr. 663
Hesse: Der Steppenwolf
Bestell-Nr. 664
Franz Kafka: Kurze Prosaformen
Bestell-Nr. 665
Joh. Wolfg. von Goethe: Iphigenie auf Tauris
Bestell-Nr. 666
Bert Brecht: Leben des Galilei
Bestell-Nr. 667
Droste-Hülshoff: Die Judenbuche
Bestell-Nr. 668

Dichtung in Theorie und Praxis
Texte für den Unterricht

Jeder Band ist – wie der Reihentitel bereits aussagt – in die Teile Theorie und Praxis gegliedert; darüber hinaus werden jeweils zahlreiche Texte geboten, die den Gliederungsstellen zugeordnet sind. Ein Teil Arbeitsanweisungen schließt sich an, der entweder Leitfragen für die einzelnen Abschnitte oder übergeordnete oder beides bringt.

Bestell-Nr.
450 Die Lyrik
451 Die Ballade
452 Das Drama
453 Kriminalliteratur
454 Die Novelle
455 Der Roman
456 Kurzprosa (Kurzgeschichte, Kalendergeschichte / Skizze / Anekdote)
457 Die Fabel
458 Der Gebrauchstext
459 Das Hörspiel
460 Trivialliteratur
461 Die Parabel
462 Die politische Rede
463 Deutsche Lustspiele und Komödien
Weitere Bände in Vorbereitung

Egon Ecker
Wie interpretiere ich Novellen und Romane?
Methoden und Beispiele

2. Auflage, 180 Seiten **Bestell-Nr. 0686-6**

Notizen zur Betrachtung eines dichterischen Textes – Zur Technik der Interpretation.
Beispiele:
Keller, Drei gerechte Kammacher
Novellen:
Büchner, Lenz – Storm, Schimmelreiter – Andres, Die Vermummten
Romane:
Mann, Königl. Hoheit – Frisch, Homo Faber – Andres, Knabe im Brunnen – Andersch, Sansibar.
Zur Theorie der Novelle – Zur Theorie des Romans – Gliederungsvorschläge – Themenvorschläge – Literaturverzeichnis.

Egon Ecker
Rechtschreibung und Diktate
3./4. Jahrgangsstufe
3. Auflage , 112 Seiten **Bestell-Nr. 0579–7**
Als Band für die Vorbereitung des Übertritts in andere Schularten gibt der Autor ein Hilfsmittel zur richtigen Schreibweise und Anwendung der deutschen Sprache.
Inhalt: Groß- und Kleinschreibung – Gleich und ähnlich klingende Laute – Dehnung – Schärfung – Silbentrennung – Sprachlehre – Satzmodelle – Diktatstoffe – Lösungen u. v. a.

Epochen deutscher Literatur

Kurzgefaßte Abhandlungen für den Deutschunterricht an weiterführenden Schulen.

Bestell-Nr. 0480
Die deutsche Romantik I
Frühromantik

Bestell-Nr. 0481
Realismus des 19. u. 20. Jahrhunderts

Bestell-Nr. 0482
Impressionismus und Expressionismus

Bestell-Nr. 0483
Sturm und Drang

Bestell-Nr. 0484
Die deutsche Romantik II
Spätromantik

Bestell-Nr. 0485
Die deutsche Klassik

Gerd Eversberg
Wie verfasse ich ein Referat?
Hinweise für die Informationsbeschaffung und -verarbeitung für den Literaturunterricht.
2. Auflage, 116 Seiten **Bestell-Nr. 0582–7**
Dieser Band soll den Schülern transparentes Arbeiten lehren. Das Themenbeispiel orientiert sich an der Schulpraxis und wurde auch erfolgreich erprobt.
Inhalt: Bibliographieren – Zitieren – Materialsammlungen – Bibliotheksbenutzung – Entleihen – Fernleihverkehr – Verlagskataloge und Buchhandlung – Manuskriptgestaltung – Referieren – Diskutieren.

Gerd Eversberg
Textanalyse 1
Umgang mit fiktionalen (literarischen) Texten
152 Seiten **Bestell-Nr. 0641–6**
Aus dem Inhalt:
I. Der Begriff des fiktionalen Textes: Das „Ästhetische" der Literatur – Betrachtungsweisen von Literatur – Literarische Wertung.
II. Probleme der Interpretation: Der Prozeß des „Verstehens" – Methoden der Literaturinterpretation – Arbeitstechniken (Textwiedergabe / Texterarbeitung / Texterörterung).
III. Beispiele für Interpretationen: Epische Texte – Dramatische Texte – Gedichte.
IV. Massenliteratur.

Textanalyse 2
Umgang mit nichtfiktionalen (Gebrauchs-)Texten
144 Seiten **Bestell-Nr. 0642–4**
Aus dem Inhalt:
I. Der Textbegriff.
II. Eine Typologie von Gebrauchstexten.
III. Bedingungen der Textanalyse.
IV. Methoden der Textanalyse: Textwiedergabe – Textbeschreibung – Texterörterung.
V. Beispiele für Textanalysen: Darstellende Texte (Sachtexte/Wissenschaftliche Texte) – Werbende Texte (Werbetexte/Politische Reden) – Gesetzestexte.

Gebrauchstextanalysen
– Methoden und Beispiele –
2. Auflage, 80 Seiten **Bestell-Nr. 0588–6**
Herausgegeben von einem Arbeitskreis der Pädagogischen Akademie Zams.
Aus dem Inhalt:
I. Warum Textuntersuchung? Begriffserklärungen.
II. Textanalyse – Textkritik
Vorgestellt werden nur drei Möglichkeiten einer Analyse:
a) Kommunikationstheoretischer Aspekt
b) stilistischer Aspekt
c) soziologischer Aspekt
III. Gebrauchstexte verschiedener Art, die auf o. a. Aspekte hin untersucht, bzw. kritisiert wurden.
Ordnung der Texte nach Themenkreisen:
Werbetexte – Ferienprospekte – Kinoprogramme – Diverse Jugendzeitschriften (Bravo u. a.) – Illustrierte und Frauenzeitschriften (Frau im Spiegel u. a.) – Schullesebücher – Geschichtsbücher – Tagesberichterstattung: Politische Beiträge/kulturelle Beiträge – Literarische Texte.

Deutsch auf der neugestalteten gymnasialen Oberstufe
Ein erfahrener Praktiker legt mit dieser Buchreihe Unterrichtshilfen für Schüler und Lehrer der Grund- und Leistungskurse vor.

Robert Hippe
Mündliche und schriftliche Kommunikation
2. Aufl., 104 Seiten **Bestell-Nr. 0563–0**
Sprache – Sprache und Verständigung
Grundbegriffe der Kommunikation – Die drei Dimensionen des Zeichens – Verschiedene Arten von Zeichen – Sprache und Norm

– Die Rede
– Das Referat
– Die Diskussion
– Das Protokoll
– Die Inhaltsangabe
– Die Erörterung

Robert Hippe
Umgang mit Literatur
2. Auflage, 116 Seiten **Bestell-Nr. 0564–9**
Definition von Literatur – Grundformen von Literatur – Merkmale der Lyrik – Merkmale der Epik – Merkmale der Dramatik – Formprobleme der Literatur – Aufbauprobleme in der Literatur – Arten der Interpretation – Was ist Interpretation – Literatur und Wirklichkeit u. v. a.

Robert Hippe

Sprach- und Textbetrachtungen

132 Seiten **Bestell-Nr. 0569–X**

Sprachbetrachtung

Historisch – Theorien über die Entstehung der Sprache(n) – Die indogermanische (idg.) Sprachfamilie – Die geschichtliche Entwicklung des Hochdeutschen – Lehn- und Fremdwörter – Sprachrätsel und Sprachspiele – Auswahl-Bibliographie.

Systematisch – Grammatik – Die traditionelle Grammatik – Die generative Transformationsgrammatik – Die strukturelle Grammatik.

Textbetrachtung

Allgemeines – Definition von Text – Textsorten – Beispiele – Übungen – Auflösung der Rätsel.

Robert Hippe

Textanalysen

mit Aufgaben und Übungen

2. Aufl., 120 Seiten **Bestell-Nr. 0586–X**

Einleitung: Über Text, Textbeschreibung und Textanalyse

I. Fiktionale (literarische) Texte

Lyrik

(Barock, Sturm und Drang, Klassik, Romantik, Realismus, Expressionismus, Hofmannsthal und Rilke, Lyrik nach 1945, Motivgleiche Gedichte). Jeweils an Beispielen erklärt.

Epik

(Roman, Novelle, Märchen, Fabel, Kurzgeschichte, Sonderform des Essays)

Dramatik

II. Unterhaltungs- und Trivialliteratur

III. Nicht-fiktionale (nicht literarische) Texte

Werbetexte – Gesetzestexte – Kochrezepte – Redetext (rhetorischer Text)

Robert Hippe

Der deutsche Aufsatz auf der neugestalteten gymnasialen Oberstufe

Anleitungen – Ausarbeitungen – Gliederungen. Hinweise und Themenvorschläge, Methoden und Beispiele.

160 Seiten **Bestell-Nr. 0592–4**

Vom Besinnungs-Problemaufsatz über die Facharbeit zum literarischen Aufsatz beinhaltet der Band Themenkreise wie Textanalysen, Erörterung, Referat, Inhaltsangaben und Hinweise zur Arbeitstechnik. Viele Beispiele aus verschiedenen Themenkreisen runden das Buch ab.

Für Lehrer und Schüler zur Unterrichtsvorbereitung ein nützliches Hilfsmittel.

Robert Hippe

Kurzgefaßte deutsche Grammatik und Zeichensetzung

7. Auflage, 72 Seiten **Bestell-Nr. 0515–0**

Ein Abriß der deutschen Grammatik systematisch und fundamental dargeboten; beginnend mit den Wortarten, Betrachtung der Satzteile und Nebensätze bis zu den Satzzeichen, Beispiele durchsetzen das Ganze, und Lösungen sollen Fehler auffinden helfen. Ein nützliches in Tausenden von Exemplaren bewährtes Übungs- und Nachhilfebuch.

Robert Hippe

Interpretationen zu 62 ausgewählten motivgleichen Gedichten

mit vollständigen Gedichtstexten

5. Auflage, 102 Seiten **Bestell-Nr. 0517–7**

Der Verfasser hat die wiedergegebenen Interpretationen und Auslegungen in langen Gesprächen und Diskussionen mit Oberprimanern erarbeitet. Die hier angebotenen Deutungsversuche erheben keinen Anspruch auf die einzig möglichen oder richtigen, sondern sollen Ausgangspunkte für Weiterentwicklungen und Erarbeitungen sein.

Aus dem Inhalt: Themen wie Frühling – Herbst – Abend und Nacht – Brunnen – Liebe – Tod – Dichtung u. v. a.

Robert Hippe

Interpretationen zu 50 modernen Gedichten

mit vollständigen Gedichtstexten

4. Auflage, 136 Seiten **Bestell-Nr. 0597–5**

Der vorliegende Band verspricht Interpretationshilfe und Deutungsversuche – in unterschiedlicher Dichte und Ausführlichkeit – für 50 moderne Gedichte. Materialien und Auswahlbibliographie geben den Interessenten Hilfen für den Deutsch- und Literaturunterricht. Für den Lehrer eine echte Bereicherung zur Vorbereitung des Unterrichts.

Aus dem Inhalt: Lasker-Schüler – Hesse – Carossa – Benn – Britting – Brecht – Eich – Kaschnitz – Huchel – Kästner – Bachmann – Piontek – Celan – Härtling – Reinig – Grass – Enzensberger u. v. a.

Robert Hippe

Kurzgefaßte deutsche Rechtschreiblehre

64 Seiten **Bestell-Nr. 0545–2**

Im ersten Teil dieses Buches findet man die wichtigsten Regeln der deutschen Rechtschreibung.

Der zweite Teil besteht aus 36 Übungstexten zu diesen Regeln zum Erlernen, Einprägen und Wiederholen. Die Lösungen am Schluß des Bandes dienen zur Kontrolle.

Interpretationen motivgleicher Gedichte in Themengruppen

mit vollständigen Gedichtstexten

Band 1: Edgar Neis

Der Mond in der deutschen Lyrik

80 Seiten **Bestell-Nr. 0620–3**

Arp – Bischoff – Borchert – Boretto – Britting – Brokkes – Bürger – Claudius – Däubler – Droste- Hülshoff – Geibel – Gleim – Goethe – Härtling – Heine – Holz – Klopstock – Krähenbühl – Krolow – Lange – Lehmann – Leonhard – Lichtenstein – zur Linde – Maurer – Morgenstein – Rasche – Rühmkorf – v. Stollberg – Trakl – v. d. Vring – Werfel – Wiens.

Band 2: Edgar Neis

Politische-soziale Zeitgedichte

2. Auflage, 112 Seiten **Bestell-Nr. 0621–1**

Bachmann – Biermann – Brecht – Bürger – Celan – Dehmel – Domin – Enzensberger – Le Fort – Freiligrath – Gryphius – Hädecke – Hagelstange – Heine – Herwegh – Keller – Kerr – Logau – Marti – Platen – Sabias – Salis – Schenkendorf – Schiller – Schreiber – Schubart – Tucholsky – W. v. d. Vogelweide – Weitbrecht – Wildenbruch.

Band 3: Edgar Neis

Der Krieg im deutschen Gedicht

2. Auflage, 112 Seiten **Bestell-Nr. 0622–X**

Bender – Benn – Biermann – Binding – Brambach – Brecht – Claudius – Dehmel – Eich – Flex – Le Fort – Fried – Gleim – Goethe – Hakel – Heise – Heym – Hölderlin – Höllerer – Huchel – Jahn – Jean Paul – Kaschnitz – Kästner – Körner – Leip – Lersch – Leonhard – Liliencron – Logau – Menzel – Mosen – Mühsam – Münchhausen – Neumann – Nick – W. Paul – Sachs – Schiller – Schnurre – Schuhmann – Stramm – Toller – Toussel – Trakl – Tumler – Vogel – Wiechert.

Band 4: Robert Hippe

Die Liebe im deutschen Gedicht

2. Auflage, 80 Seiten **Bestell-Nr. 0623–8**

Benn – Brecht – Eichendorff – George – Gleim – Goethe – Günther – Hesse – Hofmannsthal – Jacobi – Kästner – Krolow – Lasker-Schüler – Lenau – Liliencron – C. F. Meyer – H. v. Mohrungen – Mörike – Münchhausen – Opitz – Reinig – Rilke – Storm – Stramm – W. v. d. Vogelweide – Weickherlin.

Band 5: Robert Hippe

Der Tod im deutschen Gedicht

2. Auflage, 80 Seiten **Bestell-Nr. 0624–6**

Bächler – Benn – Brecht – Celan – Claudius – Droste-Hülshoff – Eich – Goethe – Gryphius – Hesse – Heym – Hofmannsthal – Hofmannswaldau – Höllerer – Kaltneker – Keller – Klopstock – C. F. Meyer – Mörike – Nick – Nietzsche – Novalis – Rilke – Schiller – Storm – Stramm – Trakl – Uhland.

Band 6: Robert Hippe

Die Jahreszeiten im deutschen Gedicht

2. Auflage, 80 Seiten Bestell-Nr. 0625–4

Benn – Britting – Claudius – George – Gerhardt – Goes – Goethe – Hagedorn – Heine – Hebbel – Hesse – Hofmannsthal – Hölderlin – Hölty – Huchel – Lenau – Logau – C. F. Meyer – Mörike – Rilke – Stadler – Storm – Trakl – Uhland – W. v. d. Vogelweide.

Band 7: Robert Hippe

Deutsche politische Gedichte

2. Auflage, 68 Seiten **Bestell-Nr. 0626–2**

Baumann – Biermann – Becher – Below – Brecht – Delius – Enzensberger – Fried – Fürnberg – Gomringer – Grass – Heine – Hoffmann v. Fallersleben – Holzapfel – Karsunke – Kunert – Luckhardt – Morawietz – Pottier – Radin – v. Saar – Scherchen – Schneckenburger – U. Schmidt – Schumann – Vesper – Walraff – Weinheber – Wessel – Zimmering.

Band 8: Edgar Neis

Die Welt der Arbeit im deutschen Gedicht

100 Seiten **Bestell-Nr. 0627–0**

Barthel – Bartock – Billinger – Brambach – Bröger – Chamisso – Dehmel – Dortu – Engelke – Freiligrath – Grisar – Heine – Herwegh – Jünger – Krille – Lersch – Lessen – Naumann – Petzold – Pfau – Piontek – Rilke – Schreiber – Seidel – Weerth – Weinheber – Wieprecht – Winckler – Zech.

Band 9: Edgar Neis

Deutsche Tiergedichte

136 Seiten **Bestell-Nr. 0628–9**

Barth – Bergengruen – Billinger – Boretto – Brecht – Britting – Busch – Claes – Dauthendey – Dehmel – Domin – Droste-Hülshoff – Eggebrecht – Eich – Freiligrath – Gellert – Gleim – Goethe – Grillparzer – Groth – Härtling – Hagedorn – Haushofer – Hausmann – Hebbel – Heine – Hesse – Huchel – F. G. Jünger – W. Lehmann – Liliencron – A. G. Kästner – Keller – Kolmar – Krolow – C. F. Meyer – Morgenstern – Pfeffel – Piontek – Rilke – Ringelnatz – Eugen Roth – N. Sachs – Schaefer – Trakl – Vring – Weinheber – Wiedner – Zachariae – Zuckmayer.

Band 10: Edgar Neis

Städte und Landschaften im deutschen Gedicht

168 Seiten **Bestell-Nr. 0629–7**

Teil I: Borchert – Sidow – Guesmer – Rilke – Grass – Le Fort – Karsunke – Aue – Zeller – Loerke – Fontane – Eich – Bleisch – Körner – Hauptmann – Bobrowski – Stadler – Goll – Reinfrank – Kunze – Zech – Becker – Droste-Hülshoff – Busta – Heine – Altenbernd – Wiedner – Stoltze – Kaschnitz – Hannsmann – Schnack – Hölderlin – Barthel – Mörike – Britting – George – Roth.

Teil II: Fontane – Heise – Kalkreuth – Zweig – Rilke – Rheiner – Goll – Salus – Brecht – Bachmann – Lehmann – Wagner – Benn – Schneider – v. Platen – Huchel – Hesse – Krappen – Kaschnitz – Celan – Britting – Kasack – Krauss – Boretto – Schaefer – Bachmann – v. d. Vring.

Interpretationen zeitgenössischer Kurzgeschichten

Edgar Neis

5. Auflage, 80 Seiten **Bestell-Nr. 0600–9**

Band 1: Aichinger, Puppe – Bender, Schafsblut – Bergengruen, Fahrt des Herrn von Ringen – Böll, Ungezählte Geliebte – Brecht, Unwürdige Greisin – Britting, Märchen vom dicken Liebhaber – Ernst, Förster und Wilddieb – Le Fort, Turm der Beständigkeit – Hochhuth, Berliner Antigone – Hofmannsthal, Lucidor – Kafka, Ehepaar – Kaschnitz, Das dicke Kind / Schneeschmelze – Kühner, Es gibt doch noch Wunder – Malecha, Probe – Risse, Gottesurteil – O. Schaefer, Frühe Vision – W. Schäfer, Mozarts Begräbnis – Schnabel, Hundert Stunden vor Bangkok / Sie sehen den Marmor nicht.

Robert Hippe

5. Auflage, 80 Seiten **Bestell-Nr. 0601–7**

Band 2: Andres, Trockendock – Benn, Gehirne – Bergengruen, Arzt von Weißenhasel / Legende von den zwei Worten – Böll, Bahnhof von Zimpren / Besenbinder / Erinnerungen eines jungen Königs / So ein Rummel – Brecht, Augsburger Kreidekreis – Döblin, Ermordung einer Butterblume – Dürrenmatt, Tunnel – Eich, Stelzengänger – Franck, Das verstandene Gedicht – Gaiser, Ein Mensch, den ich erlegt habe – Hampel, Das mit dem Mais – Hildesheimer, Eine größere Anschaffung – Kafka, Kübelreiter / Sorge des Hausvaters – Kasack, Mechanischer Doppelgänger – Langgässer, Die getreue Antigone / Untergetaucht – Musil, Portugiesin – Risse, Verkehrsunfall – Schnurre, Ein Fall für Herrn Schmidt.

Karl Brinkmann

4. Auflage, 80 Seiten **Bestell-Nr. 0602–5**

Band 3: Aichinger, Plakat – Alverdes, Die dritte Kerze – Böll, Damals in Odessa / Mann mit den Messern / Lohengrins Tod / Wanderer kommst du nach Spa . . . – Borchert, Die lange, lange Straße lang / Generation ohne Abschied / Lesebuchgeschichten – Eisenreich, Ein Augenblick der Liebe – Gaiser, Brand im Weinberg / Du sollst nicht stehlen – Langgässer, Die zweite Dido / Glück haben – Lenz, Jäger des Spottes – Schnurre, Die Tat – Spang, Seine große Chance – Spervogel, Hechtkönig – Wiechert, Hauptmann v. Kapernaum / Hirtenknabe.

Martin Pfeifer

4. Auflage, 84 Seiten **Bestell-Nr. 0603–3**

Band 4: Aichinger, Hauslehrer / Nichts und das Boot – Bender, Die Wölfe kommen zurück – Böll, Über die Brücke / Es wird etwas geschehen – Brecht, Mantel des Ketzers – Britting, Brudermord im Altwasser – Eich, Züge im Nebel – Ernst, Das zweite Gesicht – Fallada, Lieber Hoppepoppel – Franck, Taliter – Hesse, Beichtvater / Bettler – Johnson, Jonas zum Beispiel – Kusenberg, Eine ernste Geschichte – Langgässer, Saisonbeginn – Le Fort, Frau des Pilatus – Meckauer, Bergschmiede – Pohl, Yannis letzter Schwur – Rinser, David – Schäfer, Hirtenknabe – Schallück, Der Tod hat Verspätung – v. Scholz, Das Inwendige – Walser, Ein schöner Sieg – Weisenborn, Aussage.

Edgar Neis

3. Auflage, 56 Seiten **Bestell-Nr. 0604–1**

Band 5: Borges, Das geheime Wunder – Calderón Invasion – Callaghan, ein sauberes Hemd – Campos Solidarität – Carson, Ein Mädchen aus Barcelona – Hemingway, Die Killer – Huxley, Schminke – Joyce, Eveline – Katajew, Die Messer – Mansfield, Für sechs Pence Erziehung – Manzoni, Die Repräsentiertasse – Olescha, Aldebaran – Saroyan, Vom Onkel des Barbiers, dem von einem Zirkustiger der Kopf abgebissen wurde – Sartre, Die Mauer – Timmmermans, Die Maske.

Karl Brinkmann

3. Auflage, 80 Seiten **Bestell-Nr. 0605–X**

Band 6: Andersch, Sehnsucht nach Sansibar – Böll, Wie in schlechten Romanen / Undines gewaltiger Vater – Gaiser, Das Wespennest / Fünfunddreißig Meter Tüll / Der Motorradunfall – Grass, Der Ritterkreuzträger – Hildesheimer, Nächtliche Anrufe – Holthaus, Geschichten aus der Zachurei / Allgemeines / Wo liegt Zachzarach / Das Wirtshaus Zum Vollautomatischen Bären – Lenz, Masurische Geschichte / Der Leseteufel / So schön war mein Markt / Der große Wildenberg – Kramp, Was der Mensch wert ist – Reding, Die Bulldozer kamen / Während des Films / Jerry lacht in Harlem / Fahrerflucht – Schnurre, Wovon der Mensch lebt – Walser, Die Artikel, die ich vertrete.

Rudolf Kanzler

64 Seiten **Bestell-Nr. 0606–8**

Band 7: Aichinger, Die Silbermünze – Altendorf, Der Knecht Persenning – Andersch, Ein Auftrag für Lord Glouster – Bauer, Hole deinen Bruder an den Tisch – Britting, Der Gang durchs Gewitter – Dörfler, Die Kriegsblinde – Hesse, Das Nachtpfauenauge – Hildesheimer, Der Urlaub – Kaschnitz, Gespenster – Lenz, Die Nacht im Hotel – Th. Mann, Das Eisenbahnunglück – Noack, Die Wand – Ohrtmann, Der Sched ist wieder da – Rinser, Der fremde Knabe – Schallück, Unser Eduard – Wiechert, mein erster Adler.

Edgar Neis

80 Seiten **Bestell-Nr. 0607–6**

Band 8: Andersch, Grausiges Erlebnis – Bachmann, Alles – Bender, In der Gondel / Fondue – Bichsel, Tochter – Bobrowski, Epitaph für Pinnau – Bolliger, Verwundbare Kindheit – Brecht, Wiedersehen – Eisenreich, Der Weg hinaus – Fritz, Schweigen vieler Jahre – Fühmann, Judenauto / Schöpfung – Gaiser, Gazelle grün – Heissenbüttel, Wassermaler – Kaschnitz, Das rote Netz – Kunert, Fahrt mit der S-Bahn – Nossack, Das Mal – Reinig, Drei Schiffe – A. Schmidt, Resümee – Walser, Tänzer / Knabe – Wohmann, Ich Sperber / Der Schwan / Knurrhahn-Stil.

Robert Hippe

72 Seiten **Bestell-Nr. 0608–4**

Band 9: Aichinger, Fenster-Theater – Bichsel, Holzwolle – Brecht, Vier Männer und ein Pokerspiel – Frank, Die Monduhr – Fuchs, Gedankenaustausch – Geißler, Kalte Zeiten III – Heckmann, Die Wohltaten des Löffels / Das Henkersmahl – Holthaus, Wahrhaftige Geschichte von der Spazierfahrt – Kaschnitz, Popp und Mingel / Christine – Klose, Am roten Forst – Kunert, Andromeda zur Unzeit – Lenz, Die große Konferenz – Magiera, In den Sand geschrieben – Marti, Neapel sehen – Mechtel, Ein kleiner Tag –

Nossack, Helios GmbH – Novak, Schlittenfahren – Weissenborn, Die Stimme des Herrn Gasenzer / Die Sache mit Dad – Wohmann, Denk immer an heut' nachmittag – Weyrauch, Mit dem Kopf durch die Wand – Wohmann, Die Klavierstunde – Zeller, Der Turmbau.

Edgar Neis

80 Seiten **Bestell-Nr. 0609–2**

Band 10: Bernhard, Die Mütze – Bichsel, San Salvador / Ein Tisch – Bobrowski, Lipmanns Leib – Brecht, Das Experiment – Brückner, Lewan / Schwierigkeiten beim Ausfüllen eines Meldezettels / Ein Pferd ist ein Pferd – Dürrenmatt, A's Sturz – Gaiser, Fällung eines Teichs – Hildesheimer, Nachtigall – F. G. Jünger, Urlaub – Kaschnitz, Eisbären – Koeppen, Baseballspieler – Kunert, Zirkuswesen – Musil, Das Fliegenpapier – Novak, Abgefertigt – Reinig, Skorpion – A. Schmidt, Sommermeteor – Weyrauch, Beginn einer Rache.

Wolfgang Kopplin

Kontrapunkte

160 Seiten **Bestell-Nr. 0547–9**

Kontroversinterpretationen zur modernen deutschsprachigen Kurzprosa.

Prosatexte, zwischen 1963 und 1975 entstanden, dienen dem Autor dazu, die dialektische Methode des Pro und Kontra als Interpretationsansatz anzuwenden. Dem Primärtext schließen sich jeweils die Kontroversinterpretationen an. Ein Buch, welches Anregungen zum Verstehen und zur Entschlüsselung von Texten gibt.

Inhalt: Texte von Artmann – Bichsel – Dellin – Gerz – Gregor – Kunert – Reinig – Schnurre u. a. werden in einer Pro- und Kontra-Interpretation vorgestellt.

Albert Lehmann

Erörterungen

Gliederungen und Materialen
Methoden und Beispiele

2. verb. Auflage, 160 Seiten **Bestell-Nr. 0637–8**

Die vorliegende Sammlung von 52 Gliederungen, die durch Erläuterungen – vornehmlich Beispiele – zu den einzelnen Gliederungspunkten erweitert sind, sollen die Wiederholung des Jahresstoffes erleichtern.

Stoffkreisthemen: Natur – Tourismus – Technik – Freizeit – Arbeit/Beruf – Konflikte zwischen den Generationen – Die Stellung der Frau in der Gesellschaft – Entwicklungsländer – Sport – Massenmedien und viele Einzelthemen.

Für Lehrer ein unentbehrliches Nachschlage- und Vorbereitungsbuch.

Birgit Lermen/
Matthias Loewen

Trickfilm als didaktische Aufgabe

Band 1: Sekundarstufe I
232 Seiten – Fotos, kart. **Bestell-Nr. 0618–1**

Band 2: Sekundarstufe II
216 Seiten – Fotos, kart. **Bestell-Nr. 0619–X**

Die Untersuchung über den Trickfilm als didaktische Aufgabe trägt der unterschiedlichen Ausgangslage in den beiden Stufen des Sekundarunterrichts Rechnung durch die Aufteilung in zwei Bände.

Band 1 stellt sich gezielt auf die Bedürfnisse und Erwartungen der Sekundarstufe I ein. Aus der Eigenart des Mediums Trickfilm wird ein Analyse-Instrumentarium entwickelt, dessen Brauchbarkeit an 13 Filmen unterschiedlicher Herkunft erprobt wird. Auf der damit geschaffenen Grundlage wird ein didaktisch-methodisches Konzept erstellt.

Band 2 orientiert sich an den Bedürfnissen der Sekundarstufe II. Eine semiotische Einführung erweitert und vertieft die in Band I erstellte Grundlage. Im Mittelpunkt stehen wieder die Einzelanalysen, deren Zahl des größeren Umfangs wegen auf zwölf reduziert ist.

Wie in Band I soll beides – Analysen und Einführung – als Basis dienen für didaktische Fragestellungen und Entscheidungen.

Die Auswahl der Filme wurde in beiden Bänden bestimmt durch:

a) das Ausleihangebot der Stadt- und Kreisbildstellen in der Bundesrepublik,
b) die ästhetische Qualität,
c) die thematische Relevanz,
d) die didaktische Potenz.

Martin H. Ludwig

Das Referat

Kurze Anleitung zu einer Erarbeitung und Abfassung für Schüler und Studenten.

geh. **Bestell-Nr. 0646–7**

Planen und Sammeln – Bibliographieren – Schreiben und Zitieren – Lesen und Notieren – Auswerten und Gliedern – Der Text – Der Vortrag.

Methoden und Beispiele der Kurzgeschichten-Interpretation

3. Auflage, 64 Seiten **Bestell-Nr. 0585–1**

Herausgegeben und erstellt von einem Arbeitskreis der Pädagog. Akademie Zams.

Methoden: Werkimmanente, existenzialistische, grammatische, stilistische, strukturelle, kommunikative, soziologische, geistesgeschichtliche, historisch/biographisch/symbolistische Methode.

Beispiele: Eisenreich – Cortázar – Dürrenmatt – Brecht – Horvath – Bichsel – Kaschnitz – Lenz – Weißenborn – Rinser – Borchert – Nöstlinger – Wölfel – Langgässer.

An Beispielen ausgewählter Kurzgeschichten werden die einzelnen Methoden der Interpretation demonstriert und erläutert. Information und Nachschlagewerk für den Unterricht in den Sekundarstufen.

Edgar Neis

Das neue große Aufsatzbuch

– Methoden und Beispiele des Aufsatzunterrichts für die Sekundarstufen I und II –
212 Seiten, kart. **Bestell-Nr. 0636–X**

Inhalt:
Zur Technik des Aufsatzschreibens – Stoffsammlung und Disposition – Wie schreibe ich eine Charakteristik? – Wie schreibe ich eine Erörterung? – Der dialektische Besinnungsaufsatz – Themen und Aufsätze zu Problemen unserer Zeit – Aufsätze zur Literatur – Wege der Texterschließung – Interpretationshinweise – Fachbegriffe der Aufsatzlehre (Lexikon der Terminologien) – Vorschläge für Aufsatzthemen – Themenkatalog für das Ende des 20. Jahrhunderts – Literaturnachweis.
Dieses Buch richtet sich an Lehrer und Schüler von Haupt-, Real- und Oberschulen (Gymnasien).
Breit einsetzbar in Grund- und Leistungskursen.

Edgar Neis

Deutsche Diktatstoffe
–Unterstufe–

3. bis 7. Jahrgangsstufe
5. Auflage, 64 Seiten Bestell-Nr. 0524–X

Moderne deutsche Diktatstoffe
–Sekundarstufe I–

5.- 10. Jahrgangstufe Bestell-Nr.: 0693-9

Beide Bände sollen der Einübung und Wiederholung der Rechtschreibung und Zeichensetzung dienen. Jeder Band gliedert sich in zwei Teile, einen systematischen Teil, der zielbewußter Einübung von Wörtern, deren Schreibung Schwierigkeiten bereitet, dient und einen allgemeinen Teil. Dieser bringt zusammenhängende Diktatstoffe aus dem deutschen Schrifttum. Die Namen der Verfasser bürgen für die Stilhöhe der einzelnen Texte.

Edgar Neis

Interpretationen von 66 Balladen, Erzählgedichten und Moritaten

Analysen und Kommentare
4. Auflage, 176 Seiten **Bestell-Nr. 0590–8**
Balladen des 18., 19. und 20. Jahrhunderts werden in diesem für Lehrer, Studenten und Schüler bestimmten Band ausführlich interpetiert und durch Erklärungen Verständnis für diese Art Dichtung geweckt. Eine unentbehrliche Hilfe für den Deutsch- und Literaturunterricht.
Aus dem Inhalt: Bürger – Herder – Goethe – Schiller – Uhland – Eichendorff – Heine – Droste-Hülshoff – Miegel – Brecht – Huchel – Celan – Chr. Reinig – Kunert u. v. a.

Edgar Neis

Interpretationen motivgleicher Werke der Weltliteratur

2. Auflage, je 144 Seiten
Dramatische, epische und lyrische Gestaltung der bekanntesten Stoffe der Weltliteratur werden mit knappen Inhaltsangaben vorgestellt und miteinander vergleichend interpretiert.

Band 1:
Mythische Gestalten
Bestell-Nr. 0548–7

Alkestis – Antigone – Die Atriden (Elektra / Orest) – Iphigenie – Medea – Phädra

Band 2:
Historische Gestalten
Bestell-Nr. 0549–5

Julius Caesar – Coriolan – Der arme Heinrich – Die Nibelungen – Romeo und Julia – Jeanne d'Arc / Die Jungfrau v. Orleans – Johann Joachim Winckelmann

Edgar Neis

Verbessere Deinen Stil

2. Auflage, 120 Seiten **Bestell-Nr. 0539–8**
Der Autor versucht im vorliegenden Band vom grundlegenden Schema über Wortwahl und Satzgestaltung den Interessierten zu einer guten Ausdrucksform zu führen.
Stil ist erlernbar, deshalb wurden im 2. Teil viele künstlerisch gestaltete, stilvolle Beispiele wiedergegeben.

Edgar Neis

Wie interpretiere ich ein Drama?

Methoden und Beispiele
2. Auflage, 224 Seiten **Bestell-Nr. 0633–8**
Erstbegegnungen mit dramatischen Formen – Methode des Interpretierens – Wege zur Erschließung und Analyse eines Dramas.
Arbeit am Detail: Titel, Personen, Handlung, Aufbau, Sprache, Realisation, Bühnengestaltung, Regieanweisungen, sozio-kulturelle und historische Einordnung usw.
Modellinterpretationen – Zur Theorie des Dramas – Literaturverzeichnis.
Interessenten: Lehrer und Schüler aller Schulgattungen.

Edgar Neis

Wie interpretiere ich Gedichte und Kurzgeschichten?

13. Auflage, 208 Seiten **Bestell-Nr. 0530–3**
Ein „Grundkurs“, die Kunst der Interpretation zu erlernen und zu verstehen. Die tabellarischen Leitlinien führen den Benutzer des Buches zum Verständnis für diese Gattung der Poesie. Anhand von zahlreichen durchgeführten Interpretationen ist dieses Buch ein unentbehrliches Hilfsmittel für Schüler und Lehrer.

Reiner Poppe

Rechtschreibung

Texte und Übungen für die Klassen 5 und 6
196 Seiten **Bestell-Nr. 0595–9**

Zum Selbstunterricht mit Hinweisen zur Handhabung sowie didaktischen und methodischen Anleitungen für Unterrichtende.

Zu ausgewählten Rechtschreibschwierigkeiten wurden **Texte mit vielgestaltigen Übungen** in Einzelkapiteln zusammengefaßt. Jede Textgruppe ist mit einer knappen **Zusammenfassung** des voraufgegangenen Lernstoffes sowie **Erprobungsdiktaten** abgeschlossen. Testdiktate beschließen den Übungsteil. Es wurde besonders darauf geachtet, daß der Lernende Schwierigkeiten bewußt erfährt, **Lösungswege** und **Hilfen eigenständig** formuliert und **systematisch** üben kann.

Klaus Sczyrba

Komm, wir schreiben!

Rechtschreibübungsheft für das 2. und 3. Schuljahr
Format: DIN A4 – 40 farbige Illustrationen
2. Auflage, 36 Seiten, kart. **Bestell-Nr. 0614–9**

Freude ist der Motor zum Erfolg. Nach diesem Grundsatz will der Autor den Kindern durch die lustbetonte, sehr abwechslungsreiche Art dieses Heftes den Weg zu Rechtschreibsicherung leicht machen.
In frohem Tun werden fast unauffällig fundamentale Kenntnisse der Rechtschreibung angeeignet, ohne daß die Kinder dabei den Eindruck des Übens haben.

Klaus Sczyrba

Komm, wir schreiben!

Rechtschreibübungsheft für das 3. und 4. Schuljahr
Format: DIN A4 – 60 farbige Illustrationen
60 Seiten, kart. **Bestell-Nr. 0616–5**

Alle Übungen für die Kinder des 3. und 4. Schuljahres sind so angelegt, daß sie mit Freude durchgeführt werden. Sie enthalten kurzweilige Aufgaben, Reime und Rätsel. Die Richtigkeit der Lösungen kann leicht selbst überprüft werden.
Üben ist für Kinder oft freudlos und langweilig. Bei diesem Heft spüren sie aber nicht, daß „nur geübt" wird. In froher, zielstrebiger Arbeit wird fast unbewußt die Rechtschreibfertigkeit gesteigert.

Klaus Sczyrba

Lebensnahe Diktate

für die Grundschule mit angegliederten Übungsmöglichkeiten für das **2. bis 4. Schuljahr**
3. Auflage, 152 Seiten **Bestell-Nr. 0610–6**

Dieses Übungsbuch ist aus der Erfahrung langjähriger Schularbeit entstanden und soll den Kindern vom 2. bis 4. Schuljahr helfen, ihre Rechtschreibleistungen zu verbessern.
Dazu werden 150 Diktate geboten, die in Ausmaß und Schwierigkeitsgrad dem Alter der Kinder entsprechen.
Zur vertiefenden Behandlung aller Rechtschreibbereiche sind jedem Diktat eine Reihe Übungsmöglichkeiten beigefügt.

Klaus Sczyrba

Neue lebensnahe Diktate

mit zahlreichen Übungsmöglichkeiten für das **2. bis 10. Schuljahr**
312 Seiten **Bestell-Nr. 0611–4**

Wie in den früheren Ausgaben dieses Buches werden hier wieder über 200 Diktate geboten, die in Ausmaß und Schwierigkeitsgrad dem Alter des Kindes entsprechen.

Klaus Sczyrba

Lebensnahe Diktate

mit zahlreichen Übungsmöglichkeiten für das **5. bis 7. Schuljahr,** und Anhang mit Lösungen
2. Auflage, 240 Seiten **Bestell-Nr. 0613–0**

In diesem Übungsbuch werden 150 Diktate geboten, die Kindern des 5. bis 7. Schuljahres helfen sollen, ihre Rechtschreibkenntnisse zu verbessern.
Zur vertiefenden Behandlung aller Rechtschreibbereiche ist jedem Diktat eine Reihe Übungsmöglichkeiten beigefügt.

Klaus Sczyrba

Lebensnahe Diktate

125 Diktattexte mit 600 Lösungsmöglichkeiten für das **8. bis 10. Schuljahr**
210 Seiten + Lösungsteil, kart. **Bestell-Nr. 0471–5**

Das Buch will mit seinen Diktaten und Übungen zum richtigen Gebrauch unserer Sprache beitragen. Die Diktate sind nicht nur nach Rechtschreibschwierigkeiten oder zur Anwendung einer Regel konstruiert, sondern sind auf die Bedürfnisse von Zeit und Umwelt abgestimmt.
Übungsmöglichkeiten mit Lösungen machen dieses Buch für häusliches Arbeiten und für den Unterrichtsgebrauch gleichermaßen unentbehrlich.

Klaus Sczyrba

Lebensnahe Diktate

mit zahlreichen Übungsmöglichkeiten für das **5. bis 10. Schuljahr**
432 Seiten + Lösungsheft **Bestell-Nr. 0612–2**

Auch dieses Übungsbuch soll den Kindern vom 5. bis 10. Schuljahr helfen, ihre Rechtschreibleistung zu verbessern.
Die hier angebotenen 250 Diktate sind in Ausmaß und Schwierigkeitsgrad dem Alter entsprechend ausgewählt worden. Jedem Diktat ist eine Reihe Übungsmöglichkeiten beigefügt, ebenso wurde der entsprechende Wortschatz eingebracht.
Tabellen der Rechtschreibschwierigkeiten in den einzelnen Schuljahren runden dieses Übungsbuch ab.

Klaus Sczyrba

Lebensnahe Grammatik für die Grundschule

für das 2. bis 4. Schuljahr
140 Seiten **Bestell-Nr. 0673–4**

Die alltäglichen Begebenheiten zweier Kinder sind lebendige Einstiege in alle Bereiche der Grundschulgrammatik. In übersichtlicher Weise werden alle notwendigen Kenntnisse zur Beherrschung unserer Sprache kindgemäß vermittelt, die in den angegliederten Übungen angewandt werden können. So ist dieses Büchlein sehr hilfreich für den Unterricht in der Schule und die häusliche Einzelarbeit.

Klaus Sczyrba

Lebensnahe Sprachlehre in der Grundschule

50 Unterrichtsentwürfe für die Einführung aller wesentlichen Gebiete.

112 Seiten, Illustrationen, kart. **Bestell-Nr. 0615–7**

Neubearbeitete 2. Auflage

Diese Unterrichtsentwürfe haben sich als eine vielbegehrte Hilfe erwiesen und ermöglichen, daß der sonst so trockene Stoff der Sprachlehre lebensnah, auf lustbetonte Weise eingeführt wird.
Jeder Entwurf ist eine Unterrichtseinheit, die sich über einen längeren Zeitraum erstreckt.

Klaus Sczyrba

Lebensnahe Grammatik für die Sekundarstufe I

5.-10. Klasse
128 Seiten u. Lösungsheft kart.

Bestell-Nr. 0474-X

Wesentliche Ursache für die Fehlerhäufigkeit in der Rechtschreibung ist in der mangelnden grammatischen Erkenntnis zu suchen.
Das Buch will hier Abhilfe schaffen. In übersichtlicher Anordnung bietet es in den für das Leben wichtigen Bereichen der Grammatik viele Beispiele und Übungsmöglichkeiten.

Klaus Sczyrba

Rechtschreib–Olympiade

Übungen mit Lösungen für die 5. – 7. Klasse
128 Seiten **Bestell-Nr. 0475–8**

Unser Erfolgsautor Klaus Sczyrba bringt mit diesem Band ein lebensnahes Rechtschreibbuch auf den Markt, welches durch sein Wettbewerbcharakter sicher viele Übende ansprechen wird.
Kurze Übungstexte zu den Schwierigkeiten der deutschen Sprache werden allen Benutzern Hilfe geben und einprägsam zukünftige Fehler vermeiden helfen.

Englisch

Peter Luther/Jürgen Meyer

Englische Diktatstoffe
Unter- und Mittelstufe

2. Auflage, 64 Seiten, kart. **Bestell-Nr. 0647–5**

Beginnend mit einfachsten Texten und Erklärungen wird hier der Benutzer der Bücher mit der englischen Grammatik, Wortlehre und Rechtschreibung vertraut gemacht. Die Texte geben Hinweise auf die Vorbereitung zur Nacherzählung und sind gestaffelt nach Schwierigkeiten und Themengruppen. Worterklärungen und Übungen zur Selbstkontrolle runden den Band ab.

Jürgen Meyer/Gisela Schulz

Englische Synonyme als Fehlerquellen
Übungssätze mit Lösungen

116 Seiten, kart. **Bestell-Nr. 0596–7**

Dieses Übungsbuch will helfen, die im Bereich der Synonymie immer wieder auftretenden Fehler zu vermeiden.
Die Aufstellung beruht auf Beobachtungen, die die Verfasser im Unterricht gemacht haben und erhebt keinen Anspruch auf Vollständigkeit. Die Übungssätze wurden so formuliert, daß die wichtigen Bedeutungsnuancen so klar wie möglich hervortreten. Die zur Kontrolle beigefügten Lösungen geben an, ob und wo Fehler gemacht worden sind.

Jürgen Meyer

Deutsch-englische/ englisch-deutsche Übersetzungsübungen

9. bis 13. Klasse
104 Seiten **Bestell-Nr. 0594–0**

Texte für Fortgeschrittene, die ihre Kenntnisse in Wortanwendung und Grammatik erweitern und überprüfen wollen.
Zu den zeitgemäßen deutschen Texten wurden die Vokabeln und deren Anwendungsmöglichkeiten gegeben und erklärt.
Am Schluß des Bandes die englischen Texte zur Kontrolle.
Breit einsetzbar in den Sekundarstufen, Grund- und Leistungskursen.

Jürgen Meyer

Übungstexte zur englischen Grammatik

9. bis 13. Klasse
2. Auflage, 96 Seiten, kart. **Bestell-Nr. 0567–3**

Der Band enthält Übungsmaterial zu aktuellen Fragen, u. a. Sachtexte zu Personen, wissenschaftlichen Entdeckungen und zeitgeschichtlichen Ereignissen, die über das heutige Großbritannien und die USA informieren. Die Texte sind mit ausführlichen Hinweisen zu den Vokabeln sowie Übungen zur Syntax und zum Wortschatz versehen. Diskussionsvorschläge und ein sorgfältig aufbereiteter Schlüssel bieten zusätzliche Unterrichtshilfen. Das Buch ist sowohl für Gruppenarbeit als auch für das Selbststudium gut geeignet.

Jürgen Meyer/Ulrich Stau

Englisch 5./6. Klasse
Übungen mit Lösungen

ca. 128 Seiten – Viele Zeichnungen **Bestell-Nr. 0687-4**

Der gesamte Stoff Englisch der Klasse 5 und 6 wird in diesem Nachhilfebuch wiederholt. Die Benutzer können anhand von Übungen ihr Wissen testen und im Lösungsteil nachschlagen.
Der Stoff wurde den einschlägigen Lehrwerken an den Schulen der verschiedenen Bundesländer angeglichen um eine Benutzung nicht von den verschiedenen Kriterien der Bundesländer abhängig zu machen.
Den Schülerinnen und Schülern wird hier echte 'Lernhilfe' geboten!

Edgar Neis

Übungen zur englischen Herübersetzung

108 Seiten **Bestell-Nr. 0542–8**

Das Übungsbuch richtet sich an den Schüler, der ohne Hilfe eines anderen selbständig die Fertigkeit des Übersetzens aus dem Englischen erlernen will. 38 Texte aus Literatur und Sachschrifttum, jeweils mit Vokabelangaben versehen, kann der Übende ins Deutsche übertragen und anhand des Lösungsteils auf seine Richtigkeit hin überprüfen.
Die Texte eignen sich im Unterrrichtsgebrauch als Übungen zu Nacherzählung und Grammatik.

Edgar Neis

Wie schreibe ich gute englische Nacherzählungen?

7. Auflage, 84 Seiten, kart. **Bestell-Nr. 0526–6**

Langjährige, im gymnasialen Englischunterricht auf der Mittel- und Oberstufe sowie bei zahlreichen Abiturprüfungen gewonnene Erfahrungen haben zur Herausgabe dieses Buches geführt. Texterfassung und -darstellung, Wortschatzerweiterung, Regeln der Stillehre, Erzählstil, idiomatische Redewendungen, Homophone, unregelmäßige Verben, Comment u. v. a.
Musterbeispiele als Vorlagen für Lernende.

Französisch

Klaus Bahners

Französischunterricht in der Sekundarstufe II

(Kollegstufe)
Texte – Analysen – Methoden
104 Seiten, kart. **Bestell-Nr. 0565–7**

Dieses Buch wendet sich an alle, die jetzt oder künftig auf der neugestalteten Oberstufe (Sekundarstufe II) Französischunterricht erteilen; vor allem an jüngere Kollegen und Referendare, aber auch an Studenten, die sich auf den Übergang vom wissenschaftlichen Studium zur pädagogischen Umsetzung vorbereiten wollen.
Schließlich gibt „Französischunterricht in der Sekundarstufe II“ auch Schülern der reformierten Oberstufe wertvolle Hinweise für den selbständigen Zugang zur Interpretation französischer Texte.

Paul Kämpchen

Französische Texte zur Vorbereitung auf die Reifeprüfung

80 Seiten, kart. **Bestell-Nr. 0522–3**

Übungen für die Grammatik, den Stil und eine der Prüfungsarten – die Nacherzählung – sollen hier dem Anwärter zur Prüfung nahegebracht werden. Kurze und lange Nacherzählungstexte mit Worterklärungen stehen hier als Übungstexte zur Verfügung.
Der Schüler oder Student kann anhand dieser Kurzgeschichten seine sprachliche Beweglichkeit unter Beweis stellen. Kleine und leichte Stücke, die sich nur für Anfänger und wenig Fortgeschrittene eignen, wurden weggelassen.

Alfred Möslein/
Monique Sickermann-Bernard

Textes d’étude

64 Seiten, kart. Bestell-Nr. 0523–1

25 erzählende Texte aus der neueren französischen Literatur als Vorlagen für Nacherzählungen und Textaufgaben.
Durch unterschiedliche Längen und Schwierigkeitsgrade sowie durch breitgefächerte Thematik eignen sich diese Texte als Lektüre und Ausgangspunkt für Diskussionen im Unterricht. In den „Suggestions“ findet man einige Anregungen für Übungen, die sich an die reine Textbehandlung anschließen können. Die Worterklärungen sollen das Verständnis der Texte erleichtern.

Werner Reinhard

Französische Diktatstoffe Unter- und Mittelstufe

1./2. Unterrichtsjahr sowie 3./4. Unterrichtsjahr
3. Auflage, 96 Seiten, kart. **Bestell-Nr. 0532–0**

Die nach dem Schwierigkeitsgrad geordneten Texte sind überwiegend Erzählungen und Berichte von Begebenheiten des täglichen Lebens, wobei unbekannte Vokabeln beigegeben sind. Mit den Texten lernt der Schüler die gehobene Umgangssprache, d. h. Vokabular und Wendungen, die er später für eigene Textproduktionen verwenden kann. Den Texten vorangestellt sind Bemerkungen zur Rechtschreibung, die nützliche Rechtschreibregeln enthalten.

Werner Reinhard

Übungstexte zur französischen Grammatik

9. bis 13. Klasse
2. Auflage, 128 Seiten, kart. **Bestell–Nr. 0543–6**

„Übungstexte zur französischen Grammatik“ wendet sich an Lernende, die bereits einige grammatische Kenntnisse haben, sie jedoch festigen und vertiefen wollen. Es eignet sich aufgrund umfangreicher Vokabelangaben sowie des ausführlichen Lösungsteils zum Selbststudium, und vermag bei Schülern ab Klasse 9 Nachhilfeunterricht zu ersetzen.
Die textbezogenen Aufgaben berücksichtigen insgesamt die wichtigsten grammatischen Gebiete, ein Register ermöglicht auch systematisches Vorgehen.

Werner Reinhard

Übungen zur französischen Herübersetzung

96 Seiten, kart. Bestell-Nr. 0537–1

40 franz. Texte aus Literatur und Sachschrifttum, jeweils mit Vokabelangaben versehen, kann der Lernende ins Deutsche übertragen und anschließend, anhand des Lösungsteiles, seine Fassungen auf ihre Richtigkeit hin überprüfen. Dem Verfasser kam es bei den deutschen Übersetzungen nicht auf prägnanten Stil an, es ging ihm vielmehr um die inhaltlich richtige und vom Schüler nachvollziehbare Übersetzung. So enthalten die Herübersetzungen jeweils auch Anmerkungen mit wörtlichen Entsprechungen, Varianten und Hinweisen zur Grammatik. Breit einsetzbar in den Sekundarstufen.

Werner Reinhard

Kurze moderne Übungstexte zur französischen Präposition

120 Seiten, kart. **Bestell-Nr. 0568–1**

In einem lexikalischen Teil gibt das Übungsbuch zunächst einen Überblick über die Anwendung der wichtigsten Präpositionen. Auch die Präpositionen als Bindeglied zwischen Verb und Objekt bzw. Infinitiv (vor allem à und de) werden berücksichtigt. Listen erleichtern dabei systematisches Lernen.

Im anschließenden Übungsteil kann der Benutzer seine Kenntnisse überprüfen. Vorherrschende Methode ist die Einsetzübung. Mit dem Lösungsteil eignet sich das Buch gut zum Selbststudium. Einsetzbar für den Unterricht in den Sekundarstufen.

Christine und Gert Sautermeister

Der sichere Weg zur guten französischen Nacherzählung

– Zur Methodik des Hörens und Schreibens im Französischunterricht –

118 Seiten, kart. **Bestell-Nr. 0534–7**

Der erste Teil des Buches will auf die Bedingungen richtigen Hörens aufmerksam machen und Wege zum besseren Hören skizzieren. Der zweite Teil gibt Anregungen, die Grundrisse des Textes, der Gelenkstellen, Höhepunkte, Pointen nochmals zu vergegenwärtigen.

Spezifische Formulierungsprobleme der Nacherzählung entfaltet der dritte Teil.

Gemeinschaftskunde

Peter Beyersdorf

Die Bundesrepublik Deutschland

Arbeitshefte zur Sozial- und Gesellschaftskunde

Band 1:

Strukturen und Institutionen

mit Text des Grundgesetzes

124 Seiten **Bestell-Nr. 0507–X**

Band 2:

Parteien und Verbände

84 Seiten **Bestell-Nr. 0508–8**

Band 3:

Außenpolitische Entwicklung

72 Seiten **Bestell-Nr. 0509–6**

Diese Reihe wurde vor allem für den Bereich der politischen Pädagogik geplant: für Lehrer und Schüler also in erster Linie. Das gilt für Gymnasien und höhere Schulen insgesamt, für Berufsschulen und nicht zuletzt für den großen Bereich der Erwachsenenbildung in den Volkshochschulen.

Jedes Heft enthält neben dem Textteil einen Dokumentenanhang und ein Literaturverzeichnis; darin wird auf spezielle, einzelne Themen vertiefende Bücher hingewiesen.

Mit Hilfe dieser „Arbeitshefte" wird es dem Benutzer möglich, die grundsätzlichen politischen Zusammenhänge unseres Gemeinwesens und die Struktur der internationalen Politik zu erkennen. Dazu werden nicht nur Daten und Fakten angeboten, sondern zugleich auch deren Erklärung und Interpretation. Stand 1970!

Geschichte

Peter Beyersdorf

Geschichts-Gerüst

von den Anfängen bis zur Gegenwart

4 Teile in einem Band

228 Seiten **Bestell-Nr. 0551–7**

Der Primaner, der das „Skelett" dieses „Gerüstes" beherrscht, sollte allen Prüfungsanforderungen gewachsen sein!

Das vorliegende Werk will kein Ersatz für bereits bewährte Bücher ähnlicher Art sein, sondern einem **Auswahlprinzip** huldigen, das **speziell auf Gymnasien,** kurz **alle weiterführenden Schulen zugeschnitten** ist. Daher erklärt sich die drucktechnische Hervorhebung des besonders Wesentlichen (Fettdruck).

Teil I: Von der Antike bis zum Beginn der Völkerwanderung (ca. 3000 v. Chr. bis 375 n. Chr.)

Teil 2: Von der Völkerwanderung bis zum Ende des Mittelalters (375 –1268)

Teil 3: Vom Übergang zur Neuzeit bis zum Ende des 1. Weltkrieges (1268–1918)

Teil 4: Vom Beginn der Weimarer Republik bis zur Gegenwart (1918 – 1987)

Latein

Reinhold Anton

Die Stammformen und Bedeutungen der lateinischen unregelmäßigen Verben

Anleitung zur Konjugation von etwa 1600 einfachen und zusammengesetzten unregelmäßigen Verben.

5. verbesserte Auflage

40 Seiten, kart. **Bestell-Nr. 0500–2**

Oswald Woyte

Latein-Gerüst

Der gesamte Stoff bis zur Sekundarstufe II (Kollegstufe) in übersichtlicher Anordnung und leichtverständlicher Darstellung mit Übungstexten, Übungsaufgaben und Schlüssel.

Teil 1: **Formenlehre**
116 Seiten, kart. **Bestell-Nr. 0552–5**

Teil 2: **Übungsaufgaben und Schlüssel zur Formenlehre**
144 Seiten, kart. **Bestell-Nr. 0553–3**

Teil 3: **Satzlehre**
104 Seiten, kart. **Bestell-Nr. 0554–1**

Teil 4: **Übungsaufgaben und Schlüssel zur Satzlehre**
72 Seiten, kart. **Bestell-Nr. 0555–X**

jeweils 2. Auflage

Die vier Bände ersparen den Lernenden die Nachhilfestunden und bieten ein unentbehrliches Übungs- und Nachschlagewerk bis zur Reifeprüfung.

Der Autor hat aus einer Praxis als Oberstudiendirektor die Schwierigkeiten der lateinischen Sprache für den häuslichen Übungsbereich aufbereitet und leicht faßbar erläutert. Lernanweisungen sollen das Einprägen erleichtern.

Friedrich Nikol

Latein 1

Übungen mit Lösungen für das erste Lateinjahr in zwei Bänden.

Band 1/**Erstes Halbjahr**
mit Lösungsteil
kart. **Bestell-Nr. 0634–3**

Band 1/**Zweites Halbjahr**
mit Lösungsteil
kart. **Bestell-Nr. 0635–1**

In beiden Teilbänden wird der gesamte Stoff des ersten Lateinjahres behandelt.

Latein 2

(2. Lateinjahr)
kart. **Bestell-Nr. 0638–6**

Der lateinische Wortschatz ist in den Büchern genau angegeben und den verschiedenen lateinischen Unterrichtswerken angepaßt, die in den einzelnen Bundesländern zugelassen und eingeführt sind.
Bei gründlicher häuslicher Nachhilfe mit den Büchern wird der Übende immer mehr Freude an Latein bekommen, und bald wird sich auch der Erfolg bei den Leistungen in der Schule zeigen.

Suchen Sie Wortgetreue Übersetzungen und Präparationen zu Ihren Schullektüren römischer und griechischer Klassiker?
Sie finden in der **Kleinen Übersetzungbibliothek** in 500 Bänden im Kleinformat wörtliche deutsche Übersetzungen
Fordern Sie das ausführliche Verzeichnis an!

Mathematik

Bernd Hofmann

Algebra 1

Mathematikhilfe für die 7./8. Jahrgangsstufe weiterführender Schulen
216 Seiten **Bestell-Nr. 0580–0**

Helmut Kürzdörfer

Geometrie 1

Mathematikhilfe für die 7./8. Jahrgangsstufe weiterführender Schulen
232 Seiten **Bestell-Nr. 0581–9**

Diese Bücher sind im wesentlichen auf den Lehrstoff des 7. und 8. Schuljahres abgestimmt.
Sie gliedern sich in Kontroll-, Übungs- und Lösungsteil. Ausgerichtet sind sie als unterrichtsbegleitende Werke auf Schüler und die ihnen hilfreich zur Seite stehenden Eltern.
Nützlich sind sie aber auch wegen des großen und vielseitigen Angebots an Übungsaufgaben (mit vollständigen Lösungswegen) **für Lehrer.** Von ähnlichen Unterrichtshilfen heben sie sich durch die kurze, übersichtliche und verständliche Darstellung sowie durch gute Überprüfbarkeit der Kenntnisse ab. (Besprechung der Bibliothekszentrale, Reutlingen).

Lothar Deutschmann

Mathematik

Wegweiser zur Abschlußprüfung
Mathematik I, II und III an Realschulen
Anhang: Reifeprüfungsaufgaben mit Lösungen 1980/1981/1982/1983
168 Seiten + 121 Abb.
kart. **Bestell-Nr. 0644–0**

Ein erfahrener Pädagoge erteilt Nachhilfeunterricht in Mathematik.

Friedrich Nikol/Lothar Deutschmann

Algebra 2

Mathematikhilfe für die 9./10. Klasse
Übungaufgaben und Schulaufgaben mit Lösungswegen und Lösungen.
168 Seiten + 46 Abb.
kart. **Bestell-Nr. 0645–9**

Anhand von Klassenarbeiten und Probearbeiten wird versucht, den Schülern Nachhilfe zu erteilen.
Lösungswege und Lösungen erleichtern das Auffinden eigener Fehler.

Ruth Kirchmann

Zielscheibe Mathematik

Wenn Schüler vor Mathematik zurückschrecken, liegt es häufig an den Lücken, die irgendwann entstanden sind und das Verständnis des ganzen folgenden Unterrichtsstoffes blockieren.

Dezimalzahlen

78 Seiten – viele Abbildungen
+ 8 Seiten Lösungsheft

Bestell-Nr. 0671–8